高校教育管理与信息化教学创新研究

李俊 著

中国纺织出版社有限公司

内 容 提 要

随着我国信息技术的高速发展，信息化平台建设逐渐受到人们的高度关注，且开始广泛应用于日常工作和生活中，高校教育教学管理工作也不例外，成为高校教育管理的必然需要，是未来管理工作发展的主流趋势。本书以高校教育管理与信息化教学创新研究为主线，首先，介绍了现代高校教育理念的创新发展和高校教育管理的基本理论；其次，介绍了高校学生教育工作管理以及高校教师管理的创新发展；再次，介绍了高校信息化教学研究；最后，提出了高校学生管理信息化建设以及高校教学管理信息化建设的策略，以期为高校开展教育教学管理工作和信息化教学提供参考与帮助。

图书在版编目（CIP）数据

高校教育管理与信息化教学创新研究 / 李俊著 . -- 北京：中国纺织出版社有限公司，2024.4
ISBN 978-7-5229-1672-9

Ⅰ．①高⋯ Ⅱ．①李⋯ Ⅲ．①高等学校－教育管理－信息化－研究－中国 Ⅳ．① G640-39

中国国家版本馆 CIP 数据核字（2024）第 074103 号

责任编辑：史　岩　　责任校对：高　涵　　责任印制：储志伟

中国纺织出版社有限公司出版发行
地址：北京市朝阳区百子湾东里 A407 号楼　邮政编码：100124
销售电话：010—67004422　传真：010—87155801
http://www.c-textilep.com
中国纺织出版社天猫旗舰店
官方微博 http://weibo.com/2119887771
天津千鹤文化传播有限公司印刷　各地新华书店经销
2024 年 4 月第 1 版第 1 次印刷
开本：710×1000　1/16　印张：10.75
字数：192 千字　定价：99.90 元

凡购本书，如有缺页、倒页、脱页，由本社图书营销中心调换

前　言

在现今社会，信息技术如日中天，逐渐渗透到各个行业中，包括高等教育在内。为适应新型教育模式，改变教育观念，造就更优秀的精英人才，高等院校开始采用信息技术进行教学管理。其目的在于拓展和提高高校的教学质量，全面提高高校的研究水平，为学生提供更优质的服务，支持高校的运营管理，培育更多优秀人才，增强高校的办学实力和核心竞争力，以实现高校管理的现代化改革。

信息化时代，高校需形成对信息流高度集成的认识，在所有的作业活动和交互关系中，梳理好逻辑关系和利益冲突，有针对性地采取措施和手段进行智慧化应对。高校教育管理，既涉及硬件管理，还需要对育人过程、育人质量、教学安排与设计、科学研究与技术转移等内容进行规范的软件管理，是一项复杂的系统性工程，应在新时代进行内容优化与工作模式的现代化转型。通过全面和科学推进教育管理信息化建设，创建开放和现代的作业空间，师生和科研人员可在虚拟网络中交流，跨时空解决教育和科研管理相关的问题。

近年来，创新改革在高等教育领域势如破竹，大力实施教育信息化已经成为高校改革、创新及开放的核心任务。教育信息化，作为实现教育公平和提高教育水平的有效工具，在推动改革和创新中的作用凸显，对教育理念、授课方法以及教学评估等多方面都产生了深远影响。

本书在编写过程中，得到了专家和学者的大力支持，对此深表感谢。然而，由于本人学术能力和一些客观因素的限制，书中难免存在一些疏漏和错误，恳请读者朋友提出批评和建议，以便进一步修订完善。

李俊

2023 年 12 月

目 录

第一章　现代高校教育理念的创新发展 … 1
  第一节　现代教育理念的概念与内涵 … 1
  第二节　现代教育理念下的高校教学观 … 3
  第三节　现代高校教育理念创新发展的策略 … 9

第二章　高校教育管理的基本理论 … 19
  第一节　高校教育管理的内涵与价值 … 19
  第二节　高校教育管理的理念与原则 … 34
  第三节　高校教育管理的过程与方法 … 41
  第四节　高校教育管理的发展与创新 … 56

第三章　高校学生教育工作管理 … 65
  第一节　高校学生教育工作管理的内涵及特点 … 65
  第二节　高校学生教育工作管理的目标及原则 … 68
  第三节　高校学生教育工作管理取得的成绩 … 69
  第四节　高校学生教育工作管理面临的问题及其成因 … 73
  第五节　高校学生教育工作管理模式对策研究 … 77

第四章　高校教师管理的创新发展 … 85
  第一节　高校教师管理的要素 … 85
  第二节　高校教师职业发展的路径探索 … 89
  第三节　高校教师管理的激励体制 … 93
  第四节　高校教师管理创新发展的策略 … 96

第五章　高校信息化教学研究 … 103

第一节　高校信息化教学概述 … 103
第二节　高校信息化教学的方法 … 104
第三节　高校信息技术与教学课程的整合研究 … 109

第六章　高校学生管理信息化建设 … 113

第一节　高校学生管理工作的信息化重构 … 113
第二节　信息化发展对高校学生管理的影响 … 116
第三节　信息化背景下高校学生管理的创新 … 120

第七章　高校教学管理信息化建设 … 127

第一节　高校教学管理信息化概述 … 127
第二节　高校教学管理信息化的发展趋势 … 134
第三节　高校教学管理信息化新模式的构建 … 143
第四节　教育信息化背景下高校教学管理机制构建的路径 … 148
第五节　新媒体环境下高校教学管理信息化的延伸发展 … 153

参考文献 … 163

第一章　现代高校教育理念的创新发展

第一节　现代教育理念的概念与内涵

一、现代教育理念的概念

在教育不断发展的过程中,教学理念始终以传统的教学法则和理论为核心。当代教育家在研究教学理念时,把现代素质教育作为基础,针对未来社会对于人才的实际需求,强化了教育理念和人才需求的相互关系,保证现行的教学方式能更有效地推动教育体制改革。实际上,还有一部分学者主张在现代教育理念及未来教育发展中,进行核心性突破,以提高整体教学质量。

现代教育理念主要涵盖两个重点:从理论角度来说,它主要着眼于对已有的传统教学模式的改革和创新,打破旧有的以经验为主导的教学方式,同时在内容上更侧重于系统教育理念的剖析,确保教学内容的针对性和创新性,促进学生的批判性思维,拓展学生视野,培养学生的探索精神;从实践角度来说,现代教育理念更看重教学实践活动的落实,确保教学活动的连续性和包容性。

二、现代教育理念的内涵

（一）"以人为本"的理念

"人本教育"就是注重对学生主观能动性和创新精神的培育,主要突出两个方面:一方面,需要尊重和理解学生作为主体的多元化和复杂性,并深入掌握他们在不同阶段的各种需求;另一方面,需要着重推行根据学生个人成长规律设定的教育制度,以此来建立帮助和督促机制,推动学生的自主发展。清晰理解这两个因素有助于提升现代高校教育教学效率和针对性,但真正的实践需要从以下两个方面进行。

首先,需要改变仅依赖于上级政策的传统做法,应更多地关注对学生群体的研究和调查,深入了解学生行为背后的深层原因,这有助于预测其发展走向,减少教育过程的盲目性。在这点上，需要强调的是，在"互联网+"时代，大数据成为高校教育领域的必需品。高校需建立一个动态的学生信息数据库，以获取实时、全面的学生信息大数据。在此基础上，根据高校教育主体的不同职能划分职责。每个学期，高校应确认要进行教育主题的调查内容，然后仔细地安排调查设计、实施和结果分析，并共享调查结果。

其次，需要整合高校课程内容，突破"碎片化"学习带来的负面影响，培养学生的成才意识。现在，学生面临的社会环境瞬息万变，互联网的正反两面都在影响他们，不同的文化观念在学生之间发生碰撞，就业市场的波动也使他们产生了很大的心理压力。面对这种情况，高校教育应当高度重视，不能将学生的培养和就业乃至毕业后成为"校友"的身份人为地割裂开来。相反，高校应该采取主动措施来保护学生的权益，增强他们的责任感和归属感。在这方面，美国高校的教育理念和做法很值得我国借鉴，许多顶级大学的成功实践给我国高等教育提供了有益启示。

（二）"以德为先"的理念

随着国家的发展，社会物质极大丰富，人们的精神也得以不断提升。广大青年应当从单纯的追求物质享受转为寻求高层次的发展，并加强道德修养，不断提升自己的思想境界。因此，高校教育管理改革势在必行，除了注重知识的传授外，更应重塑培育出品格纯正、学养丰富的人才的理念。这就要求教育工作者秉持"以德为先"的理念，关注个人的道德修养，以实际行动对学生产生影响，彰显高等教育的深远影响。更重要的是，"以德为先"继承了我国的优秀文化，它主张教育应渗透在每个人的日常生活中，通过日常行为实现品德的养成。正如孔夫子讲的，师者应身体力行，因为只有品行端正的人才能够对他人产生积极影响。所以，"以德为先"的理念强调高校所有参与者在道德情感、认知、意愿和行为上实现有机的统一，通过自己的示范，使学生在知识、情感、意志和行为上达到和谐发展。

（三）"依法治学"的理念

"依法治学"这一管理理念已经在我国众多高校中成为主导模式，给大学教育及管理注入了新的理念，它包含"依法治教"和"对学生实施法治教育"这两个主题。前者主要是基于法律结构来适当处理校园内外各利益相关方之间的关系；而后者是指让学生学习法规、制度以及纪律等内容。这完全符合党的十八大以来积极开展的法治教育，推广社会主义法治精神，建立法治社会理念，提高大家的法治意识等要求。在具体教育实践中，"依法治学"表现为开展法治教育，使学生全面了解中国特色社会主义法律体系和教育体系，了解法律赋予公民的权利和义务，同时在这个基础上履行他们的社会责任，从精神和行为上培养学生的遵纪守法意识，经过长时间的实践，将强制性的规范转化为良好的自我道德习惯。

（四）"主体对话"的理念

"对话"这个包含哲学观念和精神态度的概念，一旦被拓展到高校的教育和教学管理上，有利于突破传统的教学模式，建立所有人的平等地位，促进思想和感情的交流和互动。"主体对话"理念反对硬性灌输，要求所有参与者形成理解性的共识，并基于彼此的信任行动，以此获得认同和支持。这个理念要解决的是传统教育模式过分依赖行政命令的弊端，改变学生在组织中的边缘地位，以及家庭和社会在外部环境中没有话语权的状况。语言是人类特有的属性，不但推动人类智力的进化，也帮助人类感情的交流，进一步推动社群的建立。只有充分运用对话来阐释不同主体的价值观，才能激发思想、行动和感情等多个层次的碰撞和共鸣。在现代社会，组织结构越来越扁平化，高校也不例外。因此，教育和教学管理应追求实现"对话"的模式，以应对高校教育大众化后带来的高校内外各主体多元化特点，凸显系统中的主体性。

（五）"和谐生态"的理念

实施大学教育的内涵式进步，必须构建相应的教育生态系统。高等教育构成了创新而有机的生态系统，它是高校教育现代化的实践里程碑。只有协同生存，高校教育发展才能够实现，这也是高校教育的又一特性。所以，我们需要达成三个目标：首先，推动高校教育在所有领域多元化的和谐发展，保持高校教育的生态平衡；其次，运用生态文化理念引导高校教育发展，强调诸多学科的交融、互生，以及高校教育与人类社会的有机融合和和谐发展；最后，创建和谐统一的高校教育生态系统，运用法律手段保护高校教育与社会发展的有机平衡，加大高校教育资金投入、科研、学习和成果的监督与保护，保持社会发展的生态平衡。只有这样才能实现高校教育的内涵式发展，进而全方位提升高校教育水平。

第二节 现代教育理念下的高校教学观

一、现代教育理念下的高校教学观

针对教学观的理解，各种学者从各自的理论观点出发，研究其含义，因此产生了不同的解读。

（1）教师的教育本质和进行方式的根本观点，并非天生就有或者一步到位的，而是在实践中逐渐塑造出来的。

（2）关于教育的观点和理念，是人们在思考教育问题中得到的结论。

（3）教师对教学问题的研究决策，涵盖了教师对教学问题的实际掌握情况和他们对教学成果的预期以及选择。

（4）"教师的教学观"是人们对教学问题进行思考的结果，既包含了人们对实际教学问题的洞察与反思，也涵盖了人们对理想教学成果的期待与选择。

换言之，教师的教学观基于他们对教育的根本看法和立场，这种看法开始于教师的教育教学过程，并在具体的教育实践中形成，最终影响教学实践。教育观一旦形成，就等于构建了教师的教育思维框架，这将协助教师理解教育问题，进行自我价值判断和行动选择，从而影响学生的学习。

现代教育理念下的高校教师观包括教师和学生两个教学主体的权利和义务：高校教师要根据学生的个性特征、学习兴趣和学习意愿，为学生提供优质高效的教学服务；高校大学生则具有选择专业知识、获取专业知识和选择教师的权利。当今拥有现代教学思想的高等学府，应具备全面的教育视野，精准把握高校教育的全面性和方向性，以指导学生的发展。现代教育模式在现代教育理念下，被具体应用于高校的教育实践，这也是现代高校教育理念得以实现的工具和平台。在高校教育的实践过程中，现代教育理念应与高校教育手段紧密结合，教师应接受现代教育理念并参加相关的教育培训，使传统的教育思想转变为现代教育观，以此提高教学质量。

（一）促进学生的全面和谐发展

教学是教育的关键行动，它应该充分体现教育的培养目标、教育功能的前瞻性以及学生的全方位发展。教学的最终目的并不止于让学生获得必要的知识和技能，还应在此基础上进一步发展他们的智力和体力。同时，还需要塑造他们正确的世界观，培养优秀的个性品质，即教学的最终追求应该是推动学生的全面和谐发展。教学的根本价值、主要作用及核心任务促成了教学的终极目标。在现代教育理念下，推动学生的全面和谐发展不仅是教学的最高追求，也是高校实施教学改革的目标。

（二）以学生为中心的教学观

高校教师的教学学术水平与以学生为中心的教学观的相关性比较大。目前，我国高校教师的教学观正在由以教师为中心转变为以学生为中心，这反映了我们以学生为中心的教育理念日益受到重视。基于以学生为中心的教学观计划强调关心学生的学习和发展，鼓励学生通过自我发展来拓展知识领域并在理解的过程中积累知识。由于科技的现代化发展，学生现在可以在任何时间、任何地点获取所需信息，这让他们在学习过程中具有更大的主动性和自由度，因此，培养学生的独立思考能力变得格外重要。以学生为中心的授课方式不仅可以加强师生间的协作，还有助于构建良好的师生关系，同时提升教师的工作满足感。

以学生为中心的教学观明显影响教学研究、教学反思以及实际操作，教师间的共同评估也呈现出显著的正向相关性，并且，教师对专业领域知识的理解现已得到很高的提升。首先，教师需主动、积极地进行教学研究，并将教学理论应用于实际教学中；其次，教师应对自身的教学观进行深入思考，然后树立关于知识、教学、学习以及师生关系的正确观点。在整个过程中，教师应在教学发生之前对自身的教学目的和备课过程进行反思，如本课时的目标是什么，学生的基础知识如何。教师在教学过程中要反思自己的教学内容和方式，比如如何才能让学生更好地理解和掌握学科知识，哪种教学策略能让学生主动构建知识。在课程结束后，教师应反思自己的教学过程并进行自我评估，比如，是否经常与学生进行互动，学生是否积极学习，我的教学是否有助于学生能力的提升。反思过后，尽可能地弥补不足，把教学经验应用到接下来的教学中，在连续的反思和实践中逐渐形成以学生为中心的教学观。最终，教师间相互听课和评课，学习对方优秀的教学方法，思考自己的不足，相互学习和探讨。这种开放的学术活动不仅有利于提升教学的学术地位，更有助于提高教学质量。

（三）激发学生主动学习的热情

教师的教学观会影响学生的学习，在以教师为中心并以知识传授为主的教育形式下，学生只是处理表面的信息，导致学习效果事倍功半，特别是技能学习方面表现欠佳。若转变为以学生为中心的教育观，学生会进行更深层次的学习，这会大大提升学生的理解力和自我学习能力，并激发他们的学习积极性。

二、现代教育理念下的高校教师观

观念是人们在实践活动中发展和形成的，任何一种观念都是由人们的经历、知识、能力、特定需要以及所处的社会环境等因素决定的。从本质上来说，教师观是教师的教育教学观念，包括教师对于自身的职业属性、责任、角色演绎和在履行职责过程中应有的基本素质等多个方面的理解和认识。这些观点直接影响教师的直观反应和判断，从而影响他们的教育教学行为。拥有不同教学理念的教师，他们的教师观不尽相同。另外，教师的教学观的形成，会受到他们成长过程中的文化环境、学习历程、教育实践以及所在的工作场景和社会背景等因素的影响。

（一）重视教学文化

教师自身的素质和能力是提升教师教学能力的重要前提，提升教师的教学能力，强调教学文化的重要性是必要的，因为教学文化是增强教师教学能力的关键要素。教学文化能够塑造教师的共同愿景和价值观，从而树立一种推崇教学的风尚悄然间影响教师的行为选择，引发教师做好"传道""授业""解惑"工作的使命感，进而使教师愿意将满腔热情和全部精力投入教学工作。但是，目前高校的教学文化氛围不浓，在许多高校研究中，教学文化仍然欠缺。从组织者的视角来说，塑造教学文化的重心在于教师需要对教学的意义有共同的认识和对教授课程的自信。

首先，高校和教职人员需要改变旧有的学术观点，把教学的学术思维融入人才教育计划和教学规划，营造出尊重和重视教学学术的良好环境。

其次，优化高校教师的训练体系，根据教师不同的发展阶段采用适合的教育方式。对于尚未入职的教师，主要让他们掌握高等教育的教学法则和理论，以及大学生的心理成长模式，帮助他们明确职责；对于新入职的教师，要继续提供教学理论培训，并指导实际教学工作；在职的教师则需要跟上时代，继续学习，及时更新教育观念，改变教学手段，学习使用新媒体工具进行信息化教学，更新教育内容，提高教学艺术性。

高校教师的最终愿景是创建一个教育发展中心，这个中心不仅能为教师提供一个定期进行交流和相互评估教学方法的空间，也能提供必要的资源以便进行教育研究。教育发展中心还将定期举办各种活动，比如，教学研讨会、教学互动、微型教学等，这些都能为教师提供互动和反思的机会。

（二）建设高素质师资队伍

（1）提升教师的专业技能，强化对教师的培训程度，组织校长和资深教师去留学，增加高等院校教师与国内外优秀教师交流的次数，增长院校教师的国际经验，加强个人专业素养，提升教师队伍的素质层次。

（2）对高校教职工评价体系不断进行完善，使教师评估过程更具科学性和合理性，同时提升高校教师的工作热情。

（3）为了实施优秀教师的培养计划，学校为教师开展培训提供机遇和建立平台，以推动教师间的互动沟通，并将理论知识和实际教学相结合，形成集教学、管理和设计于一体的高品质教师培育体系。

（4）重视优质教师的招聘，为优秀人才开辟更广阔的发展空间，提供具有竞争力的薪酬待遇和福利，包括解决住房问题、安排配偶就业和子女入学等，在投入上毫不吝啬，用丰厚的待遇吸引并留住优秀教师。

（5）强调引入先进的教学设备，并重点构建远程接入和信息化平台，以提升教师运用信息化教学方法的能力，以便更有效地推进现代化教学工作。

（三）培养现代教师的专业精神

1. 敬业乐业精神

敬业表示教师对他们投身的职业怀有深深的尊敬，同时，敬业还应配以乐业，对工作要表现出轻松愉快、自愿承担、并无任何不情愿的态度。

2. 勤学进取精神

高校教师只有不断学习新知识、新观念和新理论，积极进取，才能适应现代高校的教育理念。

3. 开拓创新精神

面对个性独特的"00后"大学生，教师要敢于创新、勇于开拓，不断创新高校教育教学方法和手段，形成自己独特的教学风格。

4. 无私奉献精神

高校教师要继承和发扬无私奉献的精神，以教育学生成才为上，把自己所学的知识以及爱心奉献给学生。

5. 负责、参与精神

高校教师不仅要具有高度的教育责任感和社会责任感，还要具有积极参与的精神，参与到学生的生活和学习中，用自己的实际行动参与到高校教育事业中。

三、现代教育理念下的高校学生观

学生观指的是公众对学生的基本认识和根本态度，它直接决定了教育活动的目的、方法及效果，可以被认为是重要的影响因素。为了培养更出色、更适应现代化社会需要的人才，高校应当深入探讨学生观存在的各种问题，积极塑造和推广现代化的学生观，找寻教育与知识经济的融合点，并致力于推动素质教育的发展，以此来发掘学生的最大潜力。

（一）学生是发展的人

1. 学生是具有生命意义的人

学生期是一个人生活中充满勃勃生机，生命体验最多元，以及生命发展最快、最重要的阶段。学校教育是为学生的健康生长贡献力量，提升学生生命价值的有益行动。

学生是具有生命价值的人，基于此理念，从本质上尊重他们，并将这种看法作为首要的信条，给予他们健康成长所需的时间和空间。这展示了历史以及人类文明的进步，并且更深刻地反映了知识经济时代对教育的紧迫需求。

2. 用发展的观点认识学生

教育工作者要用发展的观点来认识和处理学生问题，今日科学成果与教育的目标要求我们摒弃陈旧的观点，并从发展的角度看待学生；学生在身心发展上有其固有的规律，他们具有巨大的成长可能性，学生是正在发展中的人，是一个全面发展的个体。

（二）学生的自我教育

每一个阶段和环节的教育都对学生的发展起重要作用，现代教育理念下的大学生需要得到正确的指引。"慎终如始，则无败事"，学生成长不能急功近利，期待一步登天，而是需要一个逐步发展的进程。高校要训练学生形成良好的习惯，因为好习惯会对他们一生产生深远影响。

在高等教育系统中，学生处于中心位置。因此，我们要更多地对学生进行思想政治引导，帮助学生形成正确的人生观，激发他们强烈的爱国热情，强化他们的责任感，增强他们的自尊和同情心，以及提高他们的应变能力，以便他们能更好地适应社会，为社会提供自我价值。

1. 正确的"三观"

世界观、人生观、价值观教育必须与社会主义教育方针保持一致，应当遵从社会主义道德规范，贯彻社会主义核心价值观，避免与其产生冲突，不能违逆社会主义核心价值观的进步趋势，否则则会走上错误的道路。人文教育的主旨在于塑造具备健全人格的个体，而"三观"的导向必须坚持社会主义核心价值观。这就要求学生绝不能因追求个人利益而损害国家利益。

2. 伟大的爱国情怀

高校应该从小就开始培育学生热爱国家的情感。那些缺少爱国精神的学生，最终都会遭遇失败，他们可能会因个人欲望铤而走险，即便他们在某个领域里独步世界或闻名于世，社会和全世界也不会对他们敞开怀抱。他们或许会在某个时期里一时有名，但他们终将被历史与时代所淘汰。因此，学生们必须从小树立远大的理想，培养对祖国的深厚感情，向前辈们学习，感激并铭记历史，不忘初心。面对中华民族的历史，大学生必须刻苦学习，提升自己的知识和能力，这是增强国家实力的一种途径。他们需要怀抱崇高的信念，为社会做出贡献，为国家和民族而奋斗，只有这样，他们才能走得更远，飞得更高，社会才能和谐，人类文明才能不断向前发展。

3. 高度的自信心和同情心

培养自信是学生自我认知的需求，只有充满自信的人，才能拥有活力、智慧和创造力，才能以积极的态度去面对生活，对抗困境与挫败，接受生活的考验，才能应对生活中的逆境，而非选择或迂回逃避。

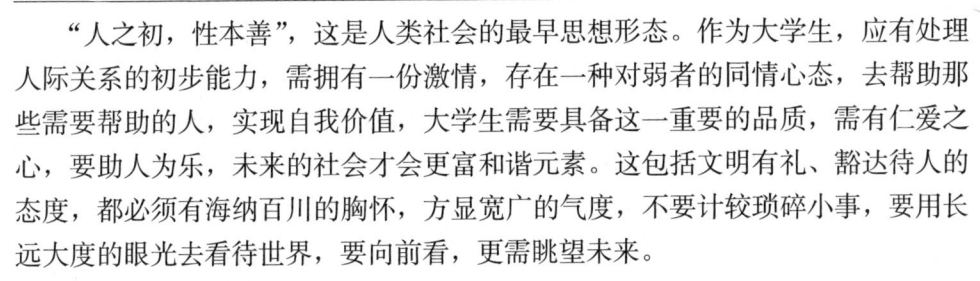

"人之初，性本善"，这是人类社会的最早思想形态。作为大学生，应有处理人际关系的初步能力，需拥有一份激情，存在一种对弱者的同情心态，去帮助那些需要帮助的人，实现自我价值，大学生需要具备这一重要的品质，需有仁爱之心，要助人为乐，未来的社会才会更富和谐元素。这包括文明有礼、豁达待人的态度，都必须有海纳百川的胸怀，方显宽广的气度，不要计较琐碎小事，要用长远大度的眼光去看待世界，要向前看，更需眺望未来。

4. 强大的适应力

掌握学习方法、理解生活真谛、熟悉生存法则、无惧挫败，这些都是21世纪不可或缺的生活本领，要顺应时代，适应环境。如今的社会正处在一个快速发展的阶段，互联网技术缩短了世界的距离，使我们的理解更深入，知识更丰富、更具深度。只有拥有这些对生活的适应能力，才能在学习过程中不怕困难，在生活中无惧挫折，通过持续的努力和锻炼，使学生能够自我成长，从而适应社会，进一步适应这个快速发展的世界。

5. 强烈的责任感

培养大学生的责任感，帮助他们认识到自身对于社会和家庭的义务，他们需要有担当精神，激励他们拥有强烈的使命感，去践行、去创新、去学习。保持警惕，有时代感、责任感，他们就不会感觉生活空虚，而是对生活充满乐趣。因此，他们不会浪费时间，虚度时光，反而从生活中感受到那份幸福，了解到生命中值得追求的目标有很多。他们会珍视每一分钟，深刻认识到时间的宝贵，他们借此悟出"时间就是生命"的意义，知晓"浪费时间就是浪费生命"的真实含义，这些都是前辈、智者、名人通过自我经历和生命教训总结出来的。他们明白有许多领域需要年轻人努力去奋斗、去开拓、去争取胜利。随着国家的发展，社会的进步，生活的美满，人民的幸福，他们深深感受到作为中国人的光荣和自豪。

第三节 现代高校教育理念创新发展的策略

一、提升高校教学水平

（一）强化高校教育的理论支撑

现代化高等教育是一个不断进步的过程，对于发展中的高校教育，需要扎实的理论作为驱动，以便更深入地分析高校的教学方法，增强研究的科学性。基于我国的社会发展实践，我国高等教育需要构建一个适合现代高等教育的理论架构，明确发展方向，创新发展途径，继承中华文化的精髓，塑造中国特色的教育体系。

（1）必须把文化特征和民族传统作为理论构建的根基，"无民族文化，则教育无立锥之地"。我们国家文化底蕴深厚，孕育出了独特的教育传统，如"中庸文化""师道尊严""分科考试"等。这些文化烙印在我国的民族传统内，我们必须运用辩证的逻辑方法审视这些教育理论，取其精华，去其糟粕。

（2）必须重视构建教育强国的目标，21世纪以来，构建教育强国已成为我国的一个重要战略。这是一项深度的系统工程，涵盖了教育的规模、益处、品质、思维、体系以及道路等各个方面。为了实现这一目标，我们需要加强对教育强国的目标研究，结合中国特色，以动态静态的双重视角来把握教育强国的动向，同时进行实践探索。

（3）需加大对于高等教育现代化发展路径的研究力度，将"道路建设"视为我国高等教育现代化研究的重要环节。从动态视角出发，探究高校教育强国建设的具体方式和实施路径，以助推我国实现实践导向的高等教育发展模式，同时为其提供理论支撑和方法参考。

（二）提高高校教育的实践水平

无论是高等教育的发展目标还是理论框架的建立，都在社会实践的大篷车内，并终将实践化。当我们回顾中国高等教育的现代化进程时，可以看出它是在实践中不停寻求和尝试的，是一个认识中的实践再次转为实践的循环过程。这强调了高等教育的发展必须基于现实状况，持续地探索和创新。

为了推动高等教育的发展，我们必须重视对其实践体系的探究，在确保实用性和现实性的前提下科学地构建实践体系，并致力于提升实践能力。在认识与实践选择环节，我们应采取螺旋式的发展战略，实现阶梯式的提升。

（1）以实际情况为出发点，打造符合我国特色的现代高等教育。将我国独特的文化融入各项现代高等教育事业中，不断提升独具特色的高校教学水平，推动我国高等教育实现多元化、品质化、品牌化。

（2）持之以恒地坚持教育优先的发展观，落实教育现代化的发展战略。《中国教育现代化2035》提出，到2035年，我国应完成教育全方位的现代化。为了实现此目标，我国在推动高等教育现代化的进程中需要将高等教育的发展置于全面现代化的先导位置，借助高等教育的现代化推动我国的全面现代化。

（3）专注于科学与创新。在加强对高等教育现代化的实践研究中，我们应实事求是，科学审视其历史和未来发展，防止陷入现实困境，应推动创新作为实践路径，确保高等教育现代化的战略计划得以实施和生效。

二、深化高校教育改革

（一）创新高校教育发展模式

1. 全面深化高等教育改革体制

（1）弥补教育领域的不足，推动各类各级教育平衡且有序地发展和进步，深化基础教育，普及高等教育，使职业教育达到国际水平，并专注抓住一流本科教育这个基础，坚守以本科教育为核心的原则。

（2）对主要由政府驱动的高等教育改革，通过开放市场，提升学校自主权，引进更多社会资金，可以减轻政府的财政负担。同样，这也可以增强高等教育资金的流动性，为高等教育的进步带来新的活力和持续的动力。显然，在此过程中，政府需要加强适当的监管力度，树立在公共部门中的权威，以保障高等教育改革能够有序且合理地进行。

2. 创新高等教育发展模式

因为多变的国际政策、财经状况、地理条件、文化人文和社会背景以及各异的国情，无法形成一条适用于所有国家的高等教育现代化发展的规则，也不能照搬西方国家的教育发展模式，我国需要在实际运用中寻求答案，持续探索，找出一条适合自己国家的高教现代化发展路径，所以创新高等教育发展模式是必然选择。

（1）在学习借鉴其他国家高等教育发展的模式和推进我国高等教育改革提升的过程中，我们需要注重保持本国的特色，不能无视我国实际进行全面模仿，应立足传统，同时也要走出一条具有独特风格的现代化道路。

（2）适应社会经济的发展趋势，坚守实践立场，努力解决存在的实际困难，对高等教育进行深度改革。并且高等教育的改革与发展必须依据现实状况，以教育本体为出发点，在尊重教育普遍规律的前提下才能够充分地发展。

（二）加快教育信息化基础建设

推进高校教学信息化的深层次改革，迅速而积极地推动高校教育的信息化步伐，催生高校教育架构和管理模式中的信息化应用，推动高校教育的现代化进程，优化校园基础设施，为资源的共建和共享创造条件。在高等教育中，信息化带来了翻天覆地的转变，成为推动高校教育现代化的重要一环。

（1）采用信息技术手段，使高品质高等教育资源能够在各地区、各行业之间共同创建并共享，使高等教育资源实现数字化，消除了高等教育的时间和空间束缚。

（2）借助专门课程搭配的虚拟模拟训练系统的研发和使用，可以进行与生产过程同步互动的远程教育，也就是采用互联网技术来实现线上课程与线下课程的整合，为高等教育的现代化进程提供技术支持。

（3）提高学校的网络速度，构建学校的网络平台并连接所有高校网络平台，以实现优质课程的共享。

（三）完善高等职业教育体制机制

高等职业技术教育构成了高等教育的重要组成部分，它是培育高标准职业技术人员的至关重要的教育形式，也是高等教育现代化过程中的必要环节。高等职业教育若想发展，需要采取如下切实可行的措施。

（1）高职院校的专业规划需要与社会需求匹配。高校可根据地方资源、经济发展特征来规划专业，以更有效地服务于当地的发展并推动当地经济向前，可以仿效美国社区学院的模式，使专业和课程的设立与地方经济发展相辅相成。

（2）高职院校须做好准确的自我定位。高职院校需立足于区域和行业经济的进步，强调其独特性，精准定位并密切校企间的合作。只有对服务受众、特有学科、培养目标等方面有精准的定位，高职院校的核心竞争力才能逐步提升。这些院校既需要培养满足经济发展需求的专业人才，还要和本科教育形成联结，畅通高职通向本科的学习路径，以方便有意深造的高职学生。

（3）在培养人才方面，高等职业学校应该致力于构建高质量的师资队伍，并建立"双师型"的教学模式。教师的质量和数量直接决定了教育水平和人才培养能力，因此可以通过"传帮带"的模式，让优秀教师指导年轻教师，或者从其他学校招聘专业技术人才，以增强教学人员的实力。同时，高校应安排部分教师到基层单位进行实践活动，以提高他们的实践能力。

（四）深化高等教育经费保障机制改革

随着我国经济社会的进步，高等教育投入显著增加，但与发达国家相比，我国在高等教育经费投入上的不足和差异仍然存在，这一直是高等教育发展面临的一道难题。

政府应该加大对高等教育的支持力度，改进高校与社会资源结合的相关政策计划，扩大高等教育的经济来源。

在制定科学和理性的高教经费政策时，需要强化对于高教经费管理和监管体系的严谨性，保障高等教育经费的落实到位，以推动高等教育投资的长期稳定发展。

此外，高校还可以构建一个合适的社会捐赠制度，参考美国通过税务减免的手段激励社会捐款支持教育的做法，以确保高等教育资金的供应。

（五）建立有序的社会广泛支持系统

构建得到社会大众广泛赞同的有机体系，强化公民的公平体验，有利于助推公平教育机制的构建。高校教育教学管理的进步离不开政府和高等院校的支持，更需要社会的协力、关注、理解与监管，以及民间力量的参与。

（1）充分调动社会力量的参与，特别在高等教育投资方面，注意引进社会投资，为高校发展提供资金支持。

（2）建立广泛的社会支持网络，提供社会支持资源，更好地利用社会支持资源，进一步调节社会心态，增强人的获得感。

（3）对社会参与高等教育的政策法规以及相关条例进行深化修订，积极推动并支持私人办学，增强个人在高等教育政策执行和决策中的参与和监督效果，有力推动社会公平。

三、保障高校教育质量

高等院校不仅是实行高等教育的主要平台，也是集结科研探索和创新成长的地方，还扮演着推进高等教育现代化发展的重要角色。与此同时，高等教育大体系的持续发展至关重要，通过全社会力量的汇聚去共同推进高等教育的内涵式发展进程，联动构建教育改革发展的优质生态和社会环境，以此为高等教育改革和进步创造优越的前提，开创新局。

（一）建设高水平的人才培养体系

推动具有世界领先水平且具有中国特色的优质教育，营造精准的科技型人才教育体系并打造高质量的人才培育模式，不仅是高等教育内在发展的追求，也是创设发达优质的高等教育的标准。为了实现此目标，我们可以遵循以下步骤。

（1）明确人才培养目标，提升学生的创新思维能力，提高学生的实践操作技术，通过课程学习来增强学生的学习效果，利用课堂教学唤醒学生的创新意识，并致力于培养创新型和全面型人才。

（2）在人才培养体系中，增强学科体系的指导性作用，为学生、学科、学术三者的全面发展，建立一个综合的一体化体系。

（3）在坚持立德树人的基础上，创建适合我国特色的人才培养体系，制订科学合理的人才培养计划，以期推动人才的全方位成长和综合素质的提升。我们不仅关注学生的品行、能力和学业，也对以上各方面进行全方位的评估。随着我国高等教育改革的深入和教育质量的提高，人民必将享受到更高品质的教育，获得更大的人生成功的可能性。

（二）形成广阔的国际交流与合作格局

推动全球高等教育的互动与合作，为我国的对外开放树立新模式。引入国际上成功的教育管理和教师评估经验，并与我国的实际情况相融合，不断驱动我国高等教育在人才培养、教师专业化和终身教育等方面的国际化进程，以此助推我国高等教育达到国际先进水平，我国的高等教育现代化同样可以对全球高等教育的现代化发展做出贡献。

（1）精心挑选并吸纳国外的优秀教育思想、教育资源及机制，对哈佛、斯坦福、耶鲁等世界顶尖大学的管理方式和教育模式进行深度分析，在此基础上学习并将其整合进我国的教育体系。

（2）推动与全球高等教育发达国家之间交换优秀教师进行学术访问和进一步研修，同时倡导我国学生走出国门接受进一步的研究学习，以此提高国内外高等教育的交流与合作频率。

（3）稳健地增加留学生的招收数量，并强化对他们的管理。同时，制订科学化的国际传播计划，如网络广告、海外讲座等，使全世界对中国留学生招收政策有更进一步的了解。同时，制订组织有序的留学生服务和管理计划，建立专门的留学生管理平台，加强中西文化交流。

（4）倡导增进我国各高校之间的互动及协作，打造全国高校联盟，互帮互助，特别是像北京、上海、广州等地的知名高校需要关照其他兄弟高校，加强高校学生和教师之间的交流，形成高等教育发展高校带，加快实现《教育现代化2035》的目标，建立具有中国特色、充满中国基因的现代化高等教育国家，引领全球高等教育的发展。

四、增强高校网络诚信教育环境

在信息网络化迅速发展的今天，高校大学生面临网络诚信教育环境的影响，高校要有针对性地提出优化大学生网络诚信教育的具体策略，优化现代大学生所处的社会环境、家庭环境和校园环境等协同教育环境，适应当前现代高校教育理念的创新发展。

（一）优化社会环境

随着5G时代的来临，高校教育受到社会网络的影响颇为明显。作为学习和生活在高校中的大学生，他们不能忽视高校同时处于庞大社会背景的影响下这一情况，这会使教育理念受到社会大环境的影响。社会的诚信程度很可能会对大学生的网络诚信意识的建立产生影响。因此，改善社会环境，为大学生塑造一个所有人都坦诚待人、信守承诺的网络空间环境是必要的，这样才能引导他们主动遵循网络诚信的道德准则。

1. 加强政府公信力

（1）完善政府信息透明化机制，优化民众网络查询政务和相关信息的功能，确保政务信息公开透明。同时，倡导公众积极参与政府的诚信建设工作，对政府的行为进行有效监督。如此，大学生也能在网络上了解政府相关政务，增强对社会信用系统建设的认识，主动自愿地推动社会信用系统建设。

（2）健全并完善现有的网络诚信法律法规，应用有力的法律工具来管控公众的网络行为。同时，政府需积极策划一些大学生网络诚信推广活动。比如，鼓励大学生作为志愿者主动参加中国网络诚信大会和网络诚信宣传日等相关活动，让他们有机会接触并参与社会活动，深度感受网络诚信环境。这不仅有利于他们更全面地理解网络诚信的重要性，还能有效地指导他们调整自己的网络行为，为诚信社会建设做出贡献。

2. 加强公民道德教育

当下社会正面临诚信问题的困扰。某些个体道德品质较为低下，他们在网上大肆宣扬丧失诚信也并无大碍的错误言论，以个人利益为首要目标，甚至通过利用欺诈等不正当手段来攫取个人利益，这对诚信社会的形成产生了阻碍作用。身在同一网络环境的大学生更可能被这种错误言论所误导，从而做出一些违背诚信的网络行为。所以，社会在加大诚信文化宣传的同时，也需要增强公民的道德教育，引导他们无论在现实还是网络世界，都应恪守诚信原则，这样才能进一步推动社会精神文明建设，改善社会诚信氛围。

3. 发挥社会舆论的监督导向作用

如果社会媒体平台对个人或群体在网络上的诚信行为给予正面评价并进行扩散，如发布他们的诚信事迹，人们在看到这些信息被广泛转发后，将会激发他们的诚信道德感，使他们重视自我行为的操守，从而主动形成网络诚信意识。同理，如果社会媒体对违背诚信的行为发表谴责意见，那么这在一定程度上会唤醒失信者的羞愧感，引起他们自我行为规范的意识，进而减少失信行为的发生。因此，我们应当充分利用媒体平台，宣扬诚实守信的道德品质，在社会中推动诚信意识的形成。

我们应当强化对社会诚信文化的监管力度，最大限度地防止不良文化利用网络进行扩散。对于网络中已经存在的不良文化，需要迅速作出删除和修改，并严格按照法律法规进行处罚，向公众明示警戒。同时，积极采用广告牌、标语、展板和公益广告等形式，宣扬诚信文化，培育正向的社会诚信文化，营造诚信环境。

因此，社会的信用气候对大学校园环境的构建产生影响，而构建大学校园的诚信氛围则取决于社会这个更大的环境。所以，改善社会信用氛围这个宏观环境，对大学校园环境产生积极影响。

（二）优化家庭环境

在育儿过程中，家庭是对孩子们的心灵和道德教育是最关键的因素，对此，父母长辈需要以身作则。家庭气氛和环境在指导孩子增强自我道德观念方面起决定性作用。因此，一个诚实可信的家庭环境，不只是对家庭成员们建立良好的网络诚实意识的促进力量，也是他们约束自我行为的重要驱动，同时还可促进家庭教育向高等教育的顺利过渡，并能助力提升全社会公民道德品质。

作为社会结构的基础，家庭可以视为我们最初接受教育的地方，其中父母则扮演着孩子一生中首位教师的角色。他们的价值取向、道德标准、世界观和人生理念会对孩子产生深远持久的影响。同时，家庭的氛围对于大学生的发展有不可忽视的影响力。因此，每个家庭成员都应该清楚地了解到营造一个良好的家庭环境的重要性。如果父母或者其他长辈希望创建一个诚实守信的家庭环境，那么他们需要树立正确的价值观和行为准则，并以身作则。父母对子女或其他人的诚信行为，甚至是他们的日常行动都悄然而深入地影响孩子。例如，如果父母常常在网上散播未经查实的新闻，或者借用恶意评价获取电商补偿，却告诉孩子要在网上做到诚实守信，这种做法很难有效地教导孩子如何在网上规范自己的行为。另外，如果父母和孩子之间能够彼此尊重，和睦相处，那么他们就能够营造一个和谐友爱的家庭环境。这种环境不仅有助于孩子保持积极的心态，也有利于进行家庭网络诚信教育。

高校教学主要在校内对大学生进行思想道德引导教育，而校外教育在某种程度上需依赖家庭进行。家庭教育不只是家长和子女间沟通的桥梁，还是家庭与学校间建立有效交流和取得共识的重要环节。因此，构建真诚的家庭气氛应该和高校对网络诚信教育的要求保持一致，以配合高校在对学生进行网络诚信教育上的双向教学。

所以，对于加强大学生的网络诚信教育而言，必须充分认识家庭环境对建立大学生网络诚信意识的重要影响，这样才能够从家庭教育的角度来更有效地推动大学生网络诚信教育发挥优势。

（三）优化校园环境

高校是学生们日常生活和学习的主要场所，也是他们习得科学及文化知识，进行道德素质培养的重要场所。因此，高校的环境和氛围对于塑造学生的高尚品德起不容忽视的作用，积极向上的诚信环境有利于提升学生的道德修养。学生的道德教育与一个诚信和谐的校园环境紧密相连。因此，高校应利用社会网络诚信建设的大环境并配合家庭对学生进行诚信行为教育,积极创造一个诚实守信的校园环境,以期提升大学生网络诚信教育的效果。

首先,推动良好的网络信息文化宣传工作。利用学校的各类信息传播工具,如学校报纸、信息栏以及校园广播等,同时将诚实守信的传统美德贯穿于整个宣传活动中,并引用正直品格的典型案例引发学生们的共鸣。借助这个平台宣传身边的诚实守信故事,通过那些身边的榜样来影响更多大学生,从而构建一个每个人都遵守信用、每个行为都显现诚实诚信的学校环境。另外,设立一些负面案例的专栏,剖析一些同学在生活和学习中可能出现的网络失信情况,为他们提供警示和引导。

其次,在各高校的官方网页、微博和微信公众号等互联网平台上,借助一些大学生易于接受的模式,如与网信相关的文章、音频、视频的提交、互动回帖和分享等,将相关的网信信息以引人入胜的形式展示出来,进一步以潜移默化的方式加强校园网络诚信文化氛围。

最后,高等院校需要通过执行严格的网络诚信规定以确保建设良好的网络诚信环境。以社会主义诚信理念为指引,建立在国家网络诚信法律法规的基础上,针对高校和大学生的实际状况,进一步完善大学生网络诚信制度规范,并融入校纪校规中,为学生的网络行为提供指导。无论如何,想要达到预期的学习效果,大学生的网络诚信教育必须和相应的法规要求紧密结合。严格执行网络诚信制度规范,不仅能强有力地约束大学生的网上行为,还有助于优化高等院校的网络诚信协同教育成果。

第二章　高校教育管理的基本理论

第一节　高校教育管理的内涵与价值

一、高校大学生教育管理的内涵

高校教育管理的首要任务在于了解大学生教育管理的内涵和重要性。为了对大学生教育管理有全面和深入的认识，我们需要明确大学生教育管理的定义，了解其独特性，并设定明确的目标。

（一）高校大学生教育管理的含义

从字面意思上理解，管理就是引导和处理。管理的应用场景广阔无比，因此，基于特定需求或视角，人们可以深入探讨和审查不同的管理方式，从而衍生出对管理的多元理解。在管理学这个领域，不同主体对于管理的诠释各不相同。有人以管理功能和过程为切入点，将管理看作包含计划、组织、指导、协调与控制等环节的过程；有人着重于管理的协调性质，认为管理是在特定的组织环境中，为了实现目标而进行人力物力资源配置的行为；有人关注组织内的人际关系与人的行动，认为管理是激发员工热情、协调人际关系以实现共同目标的行为；有人以决策在管理中的核心地位为出发点，认为管理即决策；还有人从系统论的角度出发，认为管理是按照系统内部的规律影响系统，使其达到新的状态的过程。各式各样的定义从不同角度阐述了管理活动的特质。

汇总以上各种观点，我们这样定义管理的含义：管理是一个在特定的社会结构下，人们通过做出决策、规划、安排和监督，以便于充分运用人力、物资、金钱、时间和信息等各种资源，从而达到既定目标的社会活动过程。

大学生的教育管理是高等教育系统中一个重要组成部分，同时也是培育优秀人才的关键。因此，大学生的教育管理既具备了一般性管理的基本性质，又具有其独特性。其主要体现在以下三个方面：

（1）高等院校对大学生的教育管理是在这一独特的社会实体中进行的。各类管理工作都是在具体的社会组织里展开的。凡是有许多个人进行协作的劳动，过程的联系和统一必然要表现在一个指挥的意志上，表现在各种与局部劳动无关而与工厂全部活动有关的职能上，就像一个乐队要有一个指挥一样。高等院校是一个培养专业人才的社会实体，对大学生的教育和培养是其首要且根本任务。因此，高等院校对大学生的教育管理便是为了完成这个任务进行的专项管理活动。

（2）实行高等教育的监管是为了实现高等院校的人才培养目标，即培养人才和促进大学生全面发展。管理是有明确方向和目的的，主要是为了实现特定组织既定的目标。在全球范围内，无目标的管理是不存在的，同理，缺乏管理也难以实现目标。作为重要的一部分，大学生教育管理的重点是帮助高等院校实现人才培养上的预定目标，同时推动大学生的全面发展，使其成为德智体全面发展、富有创新精神和实践能力的中国特色社会主义事业的建设者和接班人。

（3）高等教育管理的主要目标本质上是有效地使用所拥有的校园资源，在学生的个人成长和进步中提供必要的指导和服务。这些职能包括帮助学生成功地完成学业，成人成才，也包括对学生行为和学生群体的引导，对经济困难的学生提供经济资助，以及为毕业生提供就业服务等。为了达成这些目标，需要借助科学决策、计划、管理和监督，充分利用校内所有的资源，包括人力资源、物质资源、资金资源、时间以及信息等。因此，高校学生的教育管理实际上是一个社会活动的过程，通过这个过程，高等院校致力于实现培养目标，推进学生全方位发展，高效利用各种有效资源，为学生的发展和成长成才提供全面指导和服务。

（二）高校大学生教育管理的特点

大学生的教育管理在高等院校中作为实现培养目标并为学生提供指导和服务的重要方式，具有以下显著特性。

1. 突出的教育功能

作为高等院校的人才训练的关键构成，大学生教育管理在学校中扮演重要角色。因此，这不仅具备管理的特质，同时包含教育性元素，展现了其显著的教育作用。

（1）教育管理的目标应服从和服务于大学生高校教育的目标。大学生主要是为了获得高质量的教育而选择进入高校，教育管理应致力于实现这一目标，通过专门的管理行为支持学生成功地完成学业，首先，这样的目标设定是为了满足高校教育的整体目标。实际上，在进行大学生的教育管理过程中，高校教育的目标被表现和贯彻，它应被视为教育管理领域的一个分支目标。没有教育的目标，管理大学生的教育就会失去方向。其次，实现高校教育的目标要求完成大学生的教育管理目标。这种教育管理是实现高校教育目标的重要工具，只有通过有效的管理，保持正常的教育和生活秩序，起到激励学生学习积极性的作用，提供各种必要的指导和服务，学校的教育活动才能顺利进行，学生才能健康发展。如果没有有效的教育管理，教育目标就无法实现。

（2）在大学生教育管理方法体系中，教育方法占有显著地位。它包括高校大学生的教育管理，并且是现代管理活动中最常见、最广泛使用的基本计划。这是因为，在所有的管理活动中，人是核心，而人具有思想，人的行为受到他们的思想观念的驱使。所以，每一种管理活动都必须坚持以思想为先导的原则，重视对人的思想影响，这样才能对人们的行为有所引导和约束。在大学生教育和培养工作系统中，高校大学生教育管理作为一个重要部分，必须更加重视运用教育的方法，以此提高其实效。同时，教育方法也是保证高校大学生教育管理中其他方法能够顺利进行并达到预期效果的基础。法律、行政和经济手段的应用，在许多情况下，要配合思想道德教育，才能达到理想结果。

（3）大学生教育管理的过程也是教育大学生的过程，包括向学生传授知识。高等院校被视为教育和培养专门人才的场所，其所进行的一切活动都应对大学生产生正面的教育效果，那些主要针对大学生的教育管理工作也不例外。事实上，大学生教育管理的工作过程包含丰富而深厚的教育元素。这些元素包括人文主义、民主法制和公正和谐理念，以及从学生和学校的实际需求出发，根据教育规则和管理规则培养实事求是的科学精神，采取民主管理、依法管理、科学管理等手段，这些都会对学生的思想和行为产生间接影响。根据大学生成才的规律和要求制定的各项规章制度都将对他们的思想、动机和行为起到导向和规范作用。同时，在这个过程中，管理者的情绪、态度和行为也会产生示范性影响。因此，大学生教育管理的过程是深远的，它不仅是一个教育过程，也直接关联到大学生思想品德的形成和发展。

2. 鲜明的价值导向

高等教育管理以培养社会人力资本为核心，其发展趋势、行政架构以及具体实施会不可避免地受到社会经济背景、政治制度和思想观念的制约。因此，高校教育管理必然具有明确的价值导向，它始终在塑造并传达一定社会的主导价值观，并直接对大学生的价值观的形成、变化及提升产生深刻影响。中国高校教育管理需要牢固坚持社会主义价值立场。也就是说，高校教育管理价值导向主要在以下三个方面得到体现。

（1）大学生的教育管理体现了清晰的价值取向，这种取向主要关注目标的设定。实践活动的固有属性是目标驱动性。这些目标基于对实践对象和变化趋势的理解、判断以及需求的衡量，因此，具有明显的价值导向。教育管理在大学生身上也是如此。厘清这一点，大学生教育管理的目标和相关目标体系，都是围绕某种价值观进行设定和构建的,都贯穿特定的价值观和价值追求。因此,高校大学生的教育管理价值取向不仅对管理者的行为和学生的日常行为产生指导、激励和评价的作用,更对学生的价值观形成和发展产生导向和推动作用。比如,建立并维护良好的教育、教学和生活秩序是大学生教育管理的核心目标,这呈现出对"有序"的价值取向。因此,实现这个目标会帮助大学生形成对"有序"的认知。此外,大学生教育环节,高校的教育管理工作极其关键。为谁培养人才,又培养何种人才,始终是大学生教育的核心关注点,也是高校大学生教育管理工作的重中之重。对这个课题的解决无疑强烈反映出特定的价值观和追求。当前,也就是需要体现社会主义核心价值观,体现实现中国特色社会主义共同理想对于人才培养的需求。因此,我国高校大学生教育管理的目的必须体现社会主义价值导向。

(2)在高等院校的教育管理体系中,价值导向最直接的反映就是其管理理念。正是这些理念在引领高校教育管理的思考模式,从而制约管理的基本原则和方法。同时,这些管理理念也体现了社会的价值观,并往往展现出社会前沿的价值观在高校教育管理中的解读和展示。例如,"以人为本"的管理理念,实际上是"以人为本"的价值观在高校教育管理中的精细化和表现。在高校教育管理过程中,全面落实"以人为本"的理念,坚持"关心人、尊重人、依靠人、发展人、为了人",无疑会让学生正确理解人的价值,形成积极的"以人为本"的价值观。

(3)大学生的教育管理在高校中的价值定位主要反映在管理制度上。精准且全面的规章制度,是高校大学生教育管理的基本前提,也是其规范性、体系化和法治化的基础框架和重要表征。管理制度总是在特定的价值理念的指导和影响下所拟定,它始终体现出特定的价值取向,具体表现为对大学生的行为规范和要求,如哪些应该做,哪些不应该做;哪些行为应得到鼓舞和提倡,哪些行为应被反对和遏制;哪些行为和表现应被嘉勉,哪些行为和表现应被斥责等。在大学生教育管理制度中,这些规定毫无疑问都表现出明确的价值导向。

3. 复杂的系统工程

和所有的管理活动一样,大学生的教育管理也被看作一项整体性、层次性、动态性和开放性的系统工程。另外,这种管理方式还有其独特的复杂性,使其成为一项非常复杂的系统工程。

(1)高校大学生教育管理这项工作非常复杂。密切关注学生的主要任务,对他们的学习行为和实际行动进行严格的管理和引导,同时切实关心他们的健康成长,对他们的交际、消费以及网络行为等日常活动也要进行有效的管理和指导,能及时识别、纠正以及妥善处理他们的不正常行为;不仅要对学生群体,如学生班级、学生党团组织、学生社团以及学生生活园区加强管理和引导,同时顺应网

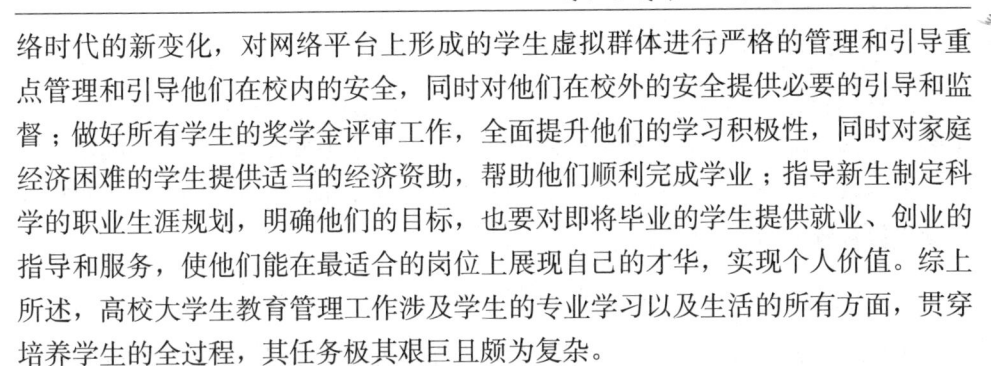

络时代的新变化，对网络平台上形成的学生虚拟群体进行严格的管理和引导重点管理和引导他们在校内的安全，同时对他们在校外的安全提供必要的引导和监督；做好所有学生的奖学金评审工作，全面提升他们的学习积极性，同时对家庭经济困难的学生提供适当的经济资助，帮助他们顺利完成学业；指导新生制定科学的职业生涯规划，明确他们的目标，也要对即将毕业的学生提供就业、创业的指导和服务，使他们能在最适合的岗位上展现自己的才华，实现个人价值。综上所述，高校大学生教育管理工作涉及学生的专业学习以及生活的所有方面，贯穿培养学生的全过程，其任务极其艰巨且颇为复杂。

（2）每个大学生都拥有自身独特且各不相同的特点和个性，他们是高等教育的中心，每个人都展示了强大的独特性和显著的个性特征。大学生都拥有自己独特的精神世界和情感世界，还有自身的气质、性格、兴趣、爱好和习惯。即使是相同年级、专业和班级的学生，由于他们各自生活环境和家庭背景的不同，思维方式和行动模式也各有差异。随着自主意识的提高，他们普遍尊重个性，追求个性化的自由发展和完善。从一个学生的角度来看，在成长过程中的不同阶段，他的特性也在不断变化。因此，在教育管理中，不能寄希望于一刀切的标准和要求，而应根据每个学生的独特性进行灵活应变，找出他们的需求，有针对性地开展工作。这使高校教育管理更加复杂化。

（3）影响大学生发展的因素多种多样且错综复杂。教育管理的目标是促进大学生全面发展，其影响因素并非仅限于教育本身，更包含外部环境的影响。这些因素同样颇为复杂。实际上，所有涉及大学生的学习、生活、行为及交往的环境因素，都可能对他们的发展产生正面或负面的影响。这些影响因素包括自然、社会、精神、物质以及文化、政策和经济的作用，同时还有国际和国内、家庭和校园环境、现实和历史的影响。特别是在科技迅速发展的当代，大学生能非常便捷地接触全球的信息，对他们思想和行为的影响更趋于复杂。同时，外部环境对大学生的影响更具多元性，包含着积极和消极影响，这些影响往往同时存在，对不同的大学生产生不同的作用。例如，家庭的富裕对大部分大学生来说是学习的有利条件，但对个别大学生来说可能会促使他们挥霍金钱、过度消费甚至不思进取，从而对他们的学业产生负面影响。另外，这些影响也呈现多种形式，有直观的也有间接的，有明确的也有隐秘的；有些在大学生的思维和情感上产生影响，有些通过约束大学生的行为产生影响。种种影响，不胜枚举。所以，在高等教育的管理过程中，教育管理者不仅需要正确引导大学生的学业和生活，还需要认清并高效控制各种环境因素对他们造成的影响，尽可能利用其积极影响，同时预防和抵挡其负面影响，并将其转化为积极因素。显然，这是一项颇为烦琐的工作。

二、高校大学生教育管理的价值

对社会进步、高等学校发展以及大学生的全面成长成才来说,高校的大学生教育管理发挥了不可替代的重要作用。对于高校学生教育管理的价值的深入了解,不仅是高校学生教育管理研究的一个主要议题,而且是有效增强和优化高校的学生教育管理的关键思想根基。

(一)高校大学生教育管理价值概述

价值这一概念原本来自经济学,与商品的产生同步存在。在经济学理论中,价值被定义为商品包含的无区分的人类劳动。然而,如今这一理念已经深深渗透到社会政治、法律、道德、科技、教育和管理等多个领域,成为评价一切事物的通用标准。因此,价值观也被赋予了新的哲学意蕴。在哲学探讨中,价值被认为是客体对主体的作用和意义,它体现了客体的特点和功能与主体需求之间的独特联系,即客体的特征和功能如何满足主体的需要。作为一个关系概念,价值不能脱离主体和客体。一方面,价值不能离开主体独立存在,主体的需求是评判价值的依据,只有那些能够满足主体需求的事物或目标才有价值;另一方面,价值也离不开客体,客体的特性和功能是价值的载体。价值的本质,就是客体的特性和功能在满足主体需求方面的能力。

教育管理在高校文化中的价值,主要体现在对社会、高等教育和学生的引导和影响,也就是说,教育管理的特质和影响力在推动社会发展、提高高校办学质量以及学生个人成长中扮演着重要角色。高校教育管理的价值并不在于它本身,而在于它潜在的影响。高校教育管理能够对学生的个人发展和高等教育目标的实现起重要作用,以此来培养符合社会需求的人才。正是这些特质和功能构成了高校教育管理的基石。高校大学生教育管理价值的主体是社会、高校和大学生。高校教师就是进行大学生教育管理的主力军。教育管理的核心就是要实现教育目标,而高校教育管理有助于实现这个目标,因为它具有满足这种需要的属性和功能。因此,高校被赋予了大学生教育管理价值的主体地位。此外,高校的教育目标是以社会对专业人才的需求以及学生自我发展的需要为基础的,因此,社会和学生也是大学生教育管理的主体。大学生教育管理的价值就体现在其特性和作用能够满足社会、高校和学生的需求方面。

高校大学生教育管理价值其有以下显著特点。

1.直观效果与潜在效应

大学生教育管理在对其价值对象的影响上,视其影响方式的不同,可分为直观效果和潜在效应两种。因此,大学生教育管理价值也呈现出明显的直观性和潜在性特征。大学生教育管理价值的直观性体现在,大学生教育管理无须通过中介环节，能直接对价值对象产生影响，满足其某些需求。通常而言，大学生教育管理对学生的影响和作用常常是直接展现的。而大学生教育管理价值的潜在性，则指大学生教育管理需要通过特定环节间接发生作用，以期间接影响价值对象，满足其某些需求。通常情况下，大学生教育管理对社会的影响和作用，大多是通过对学生的影响和作用间接实现的。

2. 在大学生教育管理中，即时效应和长久积淀共存

这意味着，有些教育管理目标可以在短期内快速完成，同时有些目标需要更长时间的不断努力和积累才能实现。正因如此，教育管理的价值特征表现在即时效应和长久积淀上。以即时效应为例，高校大学生教育管理能在短时间内快速达成预定目标，满足特定的需求。例如，为经济困难的新生迅速办理助学贷款，使他们能平稳进入高校、安心学习；迅速应对突发事件，维护学生安全和校园稳定等。而关于长久积淀，也就是说，教育管理价值的体现需要经过长时间的过程，通过持续的努力。例如，建立稳固的教育教学秩序以满足高质量人才的培养需求；培养学生良好的思想品质和行为习惯，以满足社会发展和学生个人发展的需求等。这些都不可能一蹴而就，它们需要不断地、持久地努力和积累。

3. 约束性和扩展性

在实施过程中，大学生教育管理的价值会受到各种内在和外在因素的影响和限制。这种教育管理的主要价值在于促进大学生全面的成长和进步，但这个过程将会受到高校内部条件和外部环境的限制。因此，教育管理在推动大学生全面发展的过程中，必然会受到其他多种因素的制约。只有当其他因素与大学生教育管理的目标相契合时，教育管理才能有效进行，其价值才能实现。反之，如果其他因素与教育管理的目标产生冲突，那么教育管理则难以取得预期效果，其价值也无法得到充分展示。然而，大学生教育管理的价值是可以扩展的，它可以通过推动学生参与各类活动，以及影响高校内部其他运作和对外交往，以提高教育管理的价值。例如，通过鼓励和支持大学生投身科技创新和创业活动，可以激发学生的积极性，从而提高教学水平和培养学生的创新能力和创业能力。例如，通过对学生的日常活动进行教育管理，学生们会形成遵循社会道德规则、主动维护公共秩序和环境清洁的行为习惯，这无疑将对改善学校周边环境产生积极效果。

4. 大学生教育管理价值具有系统性和开放性

基于系统性的认知，即大学生教育管理价值集合了多重维度和类型，形成了有机整体。它可以按照主导价值进行分类，包括社会价值、学校群体价值以及个人价值。其中，社会价值界定的是大学生教育管理在社会运行以及进步中的作用和价值，学校群体价值指向的是大学生教育管理对于高校运转和发展的贡献，而个人价值则指大学生教育管理对于学生个体成长产生显著的影响。根据形态的不

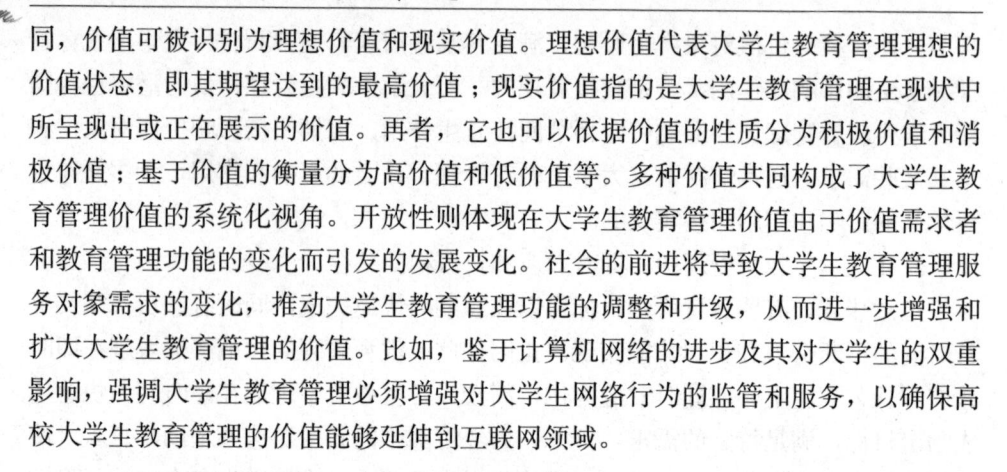

同，价值可被识别为理想价值和现实价值。理想价值代表大学生教育管理理想的价值状态，即其期望达到的最高价值；现实价值指的是大学生教育管理在现状中所呈现出或正在展示的价值。再者，它也可以依据价值的性质分为积极价值和消极价值；基于价值的衡量分为高价值和低价值等。多种价值共同构成了大学生教育管理价值的系统化视角。开放性则体现在大学生教育管理价值由于价值需求者和教育管理功能的变化而引发的发展变化。社会的前进将导致大学生教育管理服务对象需求的变化，推动大学生教育管理功能的调整和升级，从而进一步增强和扩大大学生教育管理的价值。比如，鉴于计算机网络的进步及其对大学生的双重影响，强调大学生教育管理必须增强对大学生网络行为的监管和服务，以确保高校大学生教育管理的价值能够延伸到互联网领域。

（二）高校大学生教育管理的社会价值

对社会运行和发展有重要影响和意义的大学生教育管理的价值，就是指其属性和功能对应社会运行和进步的需求。大学生教育管理的社会价值，主要体现在它是培育中国特色社会主义建设合格人才的重要途径，也是建立社会主义和谐社会的内在需求。

1. 培养合格人才的重要手段

发展中国特色社会主义需要众多高质量的人才、大量的专业人才以及一批顶级的创新型人才。高等院校是培训这些专业人才的重要场所，其主要使命是为中国特色社会主义建设提供合格的专业人才。此外，高校的大学生教育管理是培养人才的重要手段，它在培育并塑造合格人才的过程中发挥着重要作用。

（1）确保教育与教学过程的顺畅运作。在高等教育体系中，所有的教学与教育行为都需按照各项规章制度，有目的、有计划、有组织地进行。据此，建立及维系一个秩序井然的教育与教学环境是完成教育和教学任务的内在要求和基本条件。这就要求实行严格、科学的管理，主要包括对大学生实施教育管理。教育管理对于维持高等教育体系中教育和教学的有序性来说，是至关重要的。在教育管理中，需要严格地管理学生的学籍，根据学校的制度和规定，有条不紊地处理学生入学、注册、课程评价和成绩记录、专业调换、转学、休学、退学、毕业等各个环节，这是创建有序教育与教学环境的基础。再者，实行全面系统的学习管理，指导学生设立明确的学习目标，提升他们主动学习的能力，规范学生的学习行为，督促他们遵循学习和考试规定，形成良好的学习习惯，这是构建有序教育与教学环境的重要环节。对学生班级、社团及其他学生群体进行严格管理，使学生以学校的教育教学目标为宗旨，有组织地进行班级活动、社团活动以及其他课外活动，是形成良好的教育教学环境的重要因素。

简言之，大学生教育管理是确保和保持正常的教学流程的关键因素。如果没有对大学生的有效教育管理，就无法维持正常的教育教学秩序。

（2）大学教育管理在学生的学习行为中起激励、指导和保障作用。大学学习的真谛在于教师和学生之间的互动，实现学教一体化。在这个过程中，教师的教学只起主导作用，学生的主动学习才是最关键环节。对于大学生而言，学习是他们的首要任务，并且也是他们能否成为优秀人才的决定因素。因此，大学教育管理在学生的学习行为中的激励、指导和保障作用尤为重要。其中，大学教育管理对学生学习行为的激励作用主要表现在：协助学生深入理解学习的社会和个人意义，明确学习目标以激发学习热情；对学习成绩优秀者进行嘉奖，以激励他们更积极勤奋地学习；加入竞赛要素激发他们的学习热情。高校大学生教育管理对学生学习行为的指导作用主要体现在：协助新入学的学生理解和适应大学学习的特色和需求，引导他们尽快由被动学习转变为主动学习；协助学生根据社会的需求和自身的实际情况设定职业路径，明确职业发展的方向，从而明确学习目标；指导学生掌握科学的学习方法，养成良好的学习习惯，提高他们的自学能力和效率；鼓励学生主动参与社会实践。重视通过实践来增强对专业理论知识的掌握，并通过实践提升自我专业技艺。高校大学生教育管理对学生的学习行为起到了保障作用，主要体现在：强化资助管理，确保助学贷款和助学金的精准发放，组织和引导学生参与勤工助学活动，为经济困难的学生创造必要的经济条件以顺利完成学业；开展心理辅导，协助学生战胜学业焦虑等消极心态，以积极健康的心态面对学习和生活。

（3）塑造学生的品德信念。中国特色社会主义建设需要的人才不仅应拥有出色的专业技能，还应拥有正直的品格。品德信念是指人们在某个思想体系的指导下，按照社会的要求规范自己的行为时所持有的相对稳定的特质。它是思想与行动共生的心理基础。要让大学生建立良好的道德理念，不仅需要进行深入而全面的思想政治教育，同时需要强有力的管理手段。由他控变为自控的过程是培养人的品质和行为习惯的关键。大学生的各方面发展尚未完全稳定，他们的思想基础存在差异，接受教育的主动性、积极性、自觉性也各不相同，这导致大学生的自我管理和自律能力还有差距。帮助大学生提高他们的自我管理和自我控制的能力，让他们积极遵守社会的思想准则、政治规范、道德规范和法规，并形成良好的行为习惯。实现这个目标必须加大对大学生思想政治教育的投入，同时全方位强化对他们的管理，重视培养他们的日常行为规范。制定科学化的大学生教育管理制度，严格遵守并执行所有的规章制度，强化对学生行为的管理与纪律约束，使大学生的学习、社交等各种行为都能根据既定的标准有序发展。这不仅有利于培养大学生良好的行为习惯，同时为思想政治教育创造一种正面的环境，从而提高思想政治教育的效能。

2.构建和谐社会的内在要求

追求社会和谐,一直是人类的社会理想,高校大学生教育管理在为这一特殊社会群体提供指导和服务的社会活动过程中,展示出了特殊的地位,具备独一无二的价值。

(1)在维护社会稳定和促进社会和谐进步的过程中,高校大学生教育管理发挥了重要作用。社会主义和谐社会追求的安定有序,不仅是其内在特质,更是社会和谐的基本条件。社会稳定是安定有序的关键要素和重要表现,同时也是推动改革和发展的重要环节。没有稳定的环境,就无法成功做成任何事情,稳定压倒一切。同样地,社会稳定的重要条件之一就在于高校的稳定,而对于这个关键部分,大学生占据了至关重要的位置。这是由于大学生的思想尚未完全成熟,存在明显的矛盾性。他们关心国家进步,关心政治,寻求民主和自由,同时拥有强烈的参政意识,然而他们在政治生活和社会实践上的经验不足,缺乏正确的政治判断,因此很可能被错误的社会思潮和不良倾向所左右。另外,正处在青春期的大学生,感情十分丰富。这既能够激发他们的热情,坚定他们的信心,同时也容易使他们变得易怒,乃至面对挑战时难以保持冷静。众多高校学子集聚在校园,如若缺乏正确的指导和有效的管理,易于在他们中间引发一些负面现象和问题,这会对社会造成不良影响。因此,深化对大学生的教育管理,恰当地引导他们参与社会和政治活动,有效地处理他们在学习、生活、交往及就业过程中遇到的各种矛盾和问题,对学生出现的任何突发事件及时作出应对,这不仅是为了保障高校的稳定性,也对维护社会稳定和维持社会秩序具有至关重要的作用。

(2)改进高校学生的教育管理体系,是构建和谐学习氛围的决定性措施。高校是现代社会中不可或缺的重要社会组织,在人才培养、科研发展以及先进文化推广方面,高校都扮演着重要角色。和谐的学校生活,不只是我们构建社会主义和谐社会的重要因素,而且是推进高校追求科研发展的根本要求。对大学生进行教育管理并鼓励他们积极参与营造和谐校园,是保障校园和谐稳定的一种有效手段。通过改进高校学生的教育管理,建立和完善学生参与民主管理的制度和策略,指导、帮助和组织学生依法参与学校的民主管理和自我管理,以确保学生在校权益得到实质性保护,并鼓励学生积极履行法律赋予的责任,始终对法律和学校规定的权威保持尊重,从而推动高校民主制度的建设。维持学生与学校、学生与教师的良好关系,保障学生权益,公正地评估学生的品格及学业成果,实行公平的奖惩制度,妥善解决学生的纷争与问题,只有如此,学校内才能广泛推广公正公平的理念。督促学生在学习考试、科学研究、人际交往及日常生活中坚守诚实守信的底线,避免欺诈和剽窃的做法,敦促他们尊敬导师和同学,积极投入公益事业,从而营造一个诚信、友善的学习环境。依靠高等教育中的学生管理,充分挖掘并激励学生的积极性和创新能力，以专业学习为中心，积极参加各类社团和社会实践活动，同时也在进行科研、独立创新、创业尝试等方面给予他们大力支持，以此营造具有无限活力的校园。建立和维护学校正常的教育教学秩序和生活秩序，强化对学生的安全教育和管理，保持学生的身心健康，有效避免和应对各类突发情况，为打造和谐安全的校园生活环境不遗余力。通过大学生的教育管理，促使学生主动保护校园环境，节约水电等资源，使学校成为人与大自然和谐共处的绿色校园。

（3）高校大学生教育管理占据了至关重要的地位，从而促进大学生集体的和谐发展。大学生党团组织、班级、学生会、社团等，是他们在政治、学术以及日常生活中的基本组织形式，直接影响他们的思想与行为，进而成为对大学生思想教育和管理的主要方式。大学生社群的协调发展，不仅关乎每一位大学生自身的健康与全面发展，也直接触及高等教育的和谐、稳健以及科学进步。由于大学生教育管理包含着管理大学生社群，因此在推进大学生社群的和谐发展中产生了重大影响。通过这样的方法，引导大学生社群自觉遵循学校的各项制度与规定，注重学校的教育目标和学生的发展需求，开展丰富多彩的集体活动，充分发挥他们在自我教育与自我管理中的作用。这有助于推进大学生社群与学校的协调进步。通过大学生教育管理，真正强化了大学生社群的思想、组织结构、制度以及风气建设，引导他们增强对社群的认同，主动关心社群的发展，积极参与社群活动，提倡团结协作的精神，持续增进他们之间的友情，重视互相沟通和交流，及时解决各种矛盾，这能助力每一个大学生社群自身的和谐进步。通过对大学生的教育管理，可以引导他们在党团组织、班级、学生会、社团等各种集体中，以正确的态度看待彼此的关系，并进一步提高他们的交流与协作能力，团结互助、协同合作，实现大学生自我教育和自我管理的叠加效果，进一步推动各种学生集体之间的和谐共融和共同提高。

（三）高校大学生教育管理的个体价值

在高校中，大学生教育管理的独特重要性表现在其对学生成长和发展所起的作用。换言之，这种教育管理方式的属性和效用能够满足大学生的个人成长和发展需要。大学生教育管理的个体价值主要体现在：引导方向、激发动力、规范行为、完善人格和开发潜能。

1. 引导方向

大学生教育管理在高校中具有显著的引领功能，对大学生的进步和成长产生引导作用。这种引导性的特点，主要体现在以下三个方面。

（1）引导政治方向。政治方向是由政治态度、主张、观念、品质和信仰合并而成，是塑造个人品行的关键要素，它对人的思维方式和行为守则产生决定性影响。当前,随着全球化和信息技术的迅猛发展,世界政治状况越发复杂,西方意识形态的影响力持续加大。因此,引导大学生确立坚定和正确的政治方向,成为高校一项尤为重要且紧迫的任务。为实现这一目标,首先应加强思想政治教育,同时,也要强化高校学生的教育管理。这是因为,高校学生教育管理的社会属性使其必须具有明确的政治方向,从而影响学生的政治理论方向。实际上,我国的《普通高等学校学生管理规定》和《高等学校学生行为准则》已经明确规定大学生应确立在中国共产党的领导下走中国特色社会主义道路、实现中华民族伟大复兴的共同理想和坚定信念。加强大学生教育管理,严格执行高校学生管理规定,引导和督促学生主动遵守学生行为规范,尤其是政治行为的管理和指导,有助于引导学生能正确地行使法律赋予的政治权利。同时,自觉抵制各种腐朽思想的负面影响,及时纠正校园中出现的错误倾向,确保学校的政治稳定和安全性。这对于引导大学生坚持正确的政治路线具有至关重要的作用。

(2) 价值观的引导。人们在处理各种问题、争执、人际交往时的主要态度和立场,以及主要的价值倾向,往往是由他们的价值观引导的。价值观的引导不只决定了个人的价值取向,也会影响他们的思维和行为走向。在中国,现行的市场经济发展同时带动了社会生产的前进和人们思想的更新,并引发了一定的盲目性和滞后性,有时这会导致人们形成自私、拜金和享乐主义价值观。而且,由于全球化和中国与国际社会的深度交流,西方的价值观慢慢地传播到了中国。所以,引导大学生了解并坚持社会主义核心价值观,树立正确的价值观显得尤为重要。正如前面提到的,正确价值观的引导是大学教育管理的显著特征。在高等教育管理中,通过持续遵循和实践反映社会主义核心价值观的管理理念,制定并实施培养符合社会主义建设需求的合格人才的目标体系和规则,对于引导大学生形成正确的价值观有重要作用。

(3) 在职业发展之旅中起引导作用。通过指引大学生设置符合社会需求及个人目前情况的追求目标,明确地规划出职业发展轨迹,有助于他们将主要精力和时间集中于达成预定目标的工作学习和实践,这对他们的快速成长非常有益。在职业道路引导过程中,高校大学生教育管理中在这方面的体现包括:指导学生的学习活动,帮助他们根据专业要求及个人兴趣,设定专业学习目标,明确他们在专业学习过程中的努力方向。此外,也包括引导大学生规划职业发展,鼓励他们结合社会需求、职业发展趋势和自身期待与目标,确定自身职业理想,从而明确自身的职业发展之路。

2. 激发动力

高等院校的系统教育为大学生的个人进步和发展创造了有利条件。然而,大学生健康成长和全面发展,主要取决于他们自身的勤奋和主观能动性的发挥。我们要求所有的人都努力上进，但毕竟还要看个人自己是否努力。所以，为了推动大学生的成长和发展，我们必须关注激发他们的内在动力，最大限度地激发他们的主动精神和积极态度。在激励大学生发挥内在动力方面，大学教育管理具有显著作用。大学教育管理对大学生的激励机制，主要通过下列三种方式实现。

（1）需求激励。需求既是促使人们迈开步伐的动力源泉，同时又是动机生成和形成的基石。一个人的积极程度以及他们所展示的程度，其实都是由需求的满足以及满足的程度来决定的。坚持以人为本的大学教育管理服务于学生，关心学生实际需求，维护学生的合法权益，为大学生的成长和发展提供全面和具体的帮助及全方位服务，因此，对大学生产生鼓励和激励作用是必然的。

（2）目标激励。所有人的行动都是由目标导向的，这些目标体现了人们想要达成的结果和成就，能够激发人的积极性，鼓励人们力争上游。人们对目标的价值认知越强，觉得目标变成现实的机会越大，那么目标的激励作用就越明显。大学教育管理应遵循结合社会发展需求与大学生个人需要的原则，有效地确定管理目标，指导大学生依据社会所需和他们自身的兴趣爱好与实际技能，合理确定他们的学习目标和个人发展目标，这样将对大学生产生显著的激励效果。

（3）奖罚激励。实施奖励和处罚是大学生教育管理的重要方法，旨在通过正负两种强化手段引导大学生的行为，以保持和提高大学生学习和实践大学生行为准则的积极性。奖励就是以表扬、奖赏、信任等形式来满足大学生的需求，使他们得到满足和快乐，进而更加积极地投入学习；处罚则是通过造成被处罚者的某种需求不被满足，引发他们的痛苦和警惕，从而将消极行为转化为积极行为。通过合理使用奖励和处罚，大学生教育管理鼓励先进，激励落后，从而鞭策和激励所有大学生奋发努力。

3. 规范行为

对于高校来说，精心设计并严格执行各项管理细则和纪律约束，是它们在大学生教育管理工作中的一项重要任务。这样做的目的是指导大学生行为，可促进他们养成文明的行为模式和良好的行为习惯。在引导大学生行为方面，高校大学生教育管理主要通过以下三条路径来实施。

（1）强化制度建设。在大学生教育管理中，制度建设起主要作用。大学制度建设的根本就是要根据社会进步的需求、人才培养目标，以及大学生健康发展的需求，来科学制定并持续优化各种规章制度。这样一来，大学生可以明白自己应该做些什么，不应该做些什么，应该如何行动，不应该如何行动，并且通过这些规章制度来引导并激励学生，使其行为规范化，逐渐养成文明的行为方式。《普通高等学校学生管理规定》和《高等学校学生行为准则》就是当前大学生教育管理的基本规章制度，为规范大学生行为提供了基本的指导和框架。

（2）毫不动摇地遵守规章制度。规章制度是一定的社会组织为了达成组织目标，规定所有成员都必须坚持执行的带有强制性质的行为规范。它是建立正常秩序，保护组织成员共同生活的主导工具，同时为完成任务和实现组织目标提供了关键保障，所以在大学生教育管理中是必须强调的重要因素。在高校大学生教育管理过程中，严格执行学习、考核、研究、团体活动、校内生活、安全保障等各方面的规定，以此来约束和调整学生的行为，对于违反规章制度的行为要立刻进行适当的惩罚，有助于有效地指导和规范学生的行为，并促进他们养成良好的行为习惯。

（3）提倡自主管理。在大学生教育管理中，自主管理是一项重要计划。自主管理的一个重要内容就是激励学生培养自主精神和积极态度，督促他们遵守管理规定，让大学生主动进行自我约束与自我监督。这样的自我约束和自我监督，不仅体现在大学生个体的自主管理中，也体现在大学生群体的自主管理中。在对大学生班级、寝室、社团等群体进行管理时，使学生的主体地位得到充分发挥，引导他们在民主讨论的基础上建立一套全员遵从的规则制度，并且相互监督实施。这不仅有助于成员建立积极的团体氛围、实现团体目标，同时有利于提高所有成员规范自我行为和限制自我行为的自觉意识。

4.完善人格

人格被定义为个人的稳定且一致的心理特点的一种组合。简单来说，人格包括一个人的性格、思维水平、情绪格调、行为方式、道德品质、精神状况等方面。人格不但体现了一个人发展的整个过程，也是个人发展的内在动力。人的全面发展往往伴随着人格的健全和完善。高等教育管理的基本目标就是促进大学生的全面发展，因此，关注对大学生人格的全面培养，以促进他们形成高尚的精神世界、道德素养、积极的心理素质是至关重要的。大学生的教育管理在完善大学生人格的过程中扮演了重要角色，这主要体现在以下两个方面。

（1）优化环境影响。环境对于大学生的人格形成和提升产生重要影响，是对他们人格的主要陶冶和影响力所在。正如晋代傅云所说的"近朱者赤，近墨者黑"，大学教育管理在营造适宜的校园环境和优化环境影响方面发挥了至关重要的作用。大学教育管理部门通过制定和落实合理的规章制度，保障并维护校园的良好秩序；通过高效的学习管理和班级管理，推动优良学风和班级氛围的建立；通过指导和管理学生的人际互动，优化校园的社交环境；同样，通过管理和引导学生的网络行为，净化校园的网络环境；通过对学生社团和课余活动的指导与管理，展现校园生活积极向上、丰富多彩的面貌。最后，通过管理学生生活区和指导学生的日常行为，为学生营造一个稳定、有序、文明和健康的日常生活环境。

（2）作为指导理论来引领行为实践。实践是大学生人格形成和发展的根本路径。大学生学习的各种知识、观念和技能，唯有在实践中通过他们的直接体验，方能被他们真正地理解、吸收和融会贯通。大学生的行为模式培养、实践技能的提高等，更是他们自我长期实践的结果。因此，高等院校的大学生教育管理通过对大学生行为及实践过程的管理和引导，会对大学生人格的完善产生决定性影响。

5. 开发潜能

个体的内在潜能指的是待发掘、尚未开发的能力，其中包括生理、智力和心理的潜在能力。这种内在潜能是个体现实活动力量的潜伏状态和内在源泉。个体能力的增强，其实就是挖掘潜能，使之成为可观察到的现实活动能量、显现能力。人内心的潜在力量是无比强大的。美国知名心理学家威廉·詹姆斯认为一个正常的人仍有90%的潜能未被开发。因此，人的潜能有非常广阔的发展空间。大学生正处于人生的重要变革时期，开发他们的丰富潜能，并将这些潜能转为社会建设的实际素质和力量，是高等教育的要务之一。大学生教育管理作为高等学历教育的核心环节，在培育大学生的潜在力量上扮演了重要角色。大学的教育管理从以下三个方面来发掘大学生的潜能。

（1）引导学习训练。掌握知识与技能是挖掘潜在能力的基石。只有将其系统化，学习和掌握必需的专业知识和技能，才能实现潜力的正确和有效运用。通过对高等教育学生的学业表现进行监督和引导，能帮助他们设立正确的学习目标，掌握高效的学习方法，大幅提升他们的学习潜力，增强他们的学习实力，推动他们系统地了解和掌握专业理论与方法，从而让他们在专业领域的潜能得到逐步深化和扩充。

（2）应用奖励策略。奖励可被视为发掘潜能的重要途径。借助奖励，能全面激发人的主观能动性，冲破满足于当前情况的负面心理，鼓舞人的精神，改变人的观念，引发人的热情，修正人的行为方式，达到开发潜能的目的。奖励也是大学生教育管理的重要策略。在大学生教育管理中，通过应用奖励策略，引导学生确定努力的方向和目标，奖励成绩优异、表现突出的学生，调动大学生的主动性和积极性，激发他们的奋斗雄心，进一步推动他们不断挖掘自己的潜在能力。

（3）筹划实践活动。实践活动是潜在能力转化为显性能力的转折和桥梁。个体潜力需要通过实践才能逐步显现并真正发挥作用，从而成为显性能力。在高校教育管理中，对学生社区活动和社会实践活动的支持与指导，以及对学生科技服务和科技创新活动的鼓励和引导，都能为学生提供丰富多样的参与实践活动的机会，使他们的潜能在实践中得到开发、扩展和壮大。

第二节 高校教育管理的理念与原则

一、高校大学生教育管理的理念

（一）人本管理的理念

在管理的发展中，理性主义和人文主义是两条重要路径。科学管理理论的典型代表是理性主义，以此为中心的管理思维方式持久影响了我们。但是，从20世纪20~30年代开始，随着"人际关系理论"和"行为科学"理论的发展，"人文主义"牢固地成为管理思潮的核心，人性和个体价值被大众广泛接受。由此衍生的人本管理理念，坚决主张在管理过程中要始终把人放在中心位置。这种观点主要集中在如何激励所有成员的积极性并且进行最有效的人力资源分配，目标在于追求由个体全面发展所带来的最大利益。

在大学生教育管理过程中，坚持以人为本的管理思路，则意味着要把学生的需求和目标放在首位，构建现代化的学生观，充分重视和尊重学生的主导地位，引导并推动学生个体的全面发展，打造多元化的学生评价体系。在日常的工作实践中，充分尊重学生的主导性、差异性、多样性和独特性，以关注学生的生长和才华发展为任务的中心，真正尊重、理解、关心以及引导学生。

1.注重满足学生的个性化需求，以促进他们的成长成才

高校需要针对不同类型、不同层次的学生的特点和需求，对教学、管理和服务进行详尽和深度调整，构建一个旨在协助学生成长、解答学生难题、提供学生便利、保障学生权益的高校学生管理系统，确保学生接受最优质的教育。因此，高校学生管理应以学生的需求为核心，将工作需求和学生的发展需求、即时需求和长远需求、个人需求和群体需求，以及物质需求和精神需求紧密结合。努力培养出德、智、体全面发展，品行与学业并重，知行合一的社会主义新一代建设者和接班人。

2.鼓励学生主动参与，推动学生的自我成长

高校需要充分运用学生的主体地位，带动他们参与管理活动，使学生成为管理的重要组成部分。学生参与管理的有效途径可以通过学生会、班级委员会、团支部和社团联合会等学生集体组织，定期轮换学生领导职务等方式，尽可能让每个学生都有机会参与管理。在就业、安全、资助等管理问题上，也需尽力激发学

生的积极性，引导他们参与相关政策的制定和实施，以学生为核心的管理才能得以真正实现。

3. 实行民主化管理

实行民主化管理，重视学生的积极性和创新性是以人为本思想的重要体现。因此，不只需要提高管理者和学生对民主管理的认识，更要优化民主选举、决策以及监督等民主管理的操作系统，打通民主管理的途径。

（二）服务育人的理念

高等教育管理应关注大学生的全面发展和健康成长，而不只是对他们进行纪律管理，或者仅把他们视为管理工具。高校必须接受管理即服务，管理即培养人才的理念，这将从根本上转变我们对大学生教育管理的观点、思想、策略和手段。依据《中共中央 国务院关于加强和改进大学生思想政治教育的意见》，加强和改进大学生思想政治教育是教学、管理、服务相互衔接的系统性任务。我们需要"把教育和管理结合起来"，必须"从严治教，加强管理"，并且"建立适应大学生成长需求的管理体系"。高校必须时刻关注与大学生教育管理相结合的思想政治教育，构建自我约束和他人约束、奖励和惩罚相统一的长效机制。

1. 高校需要提高对服务的认识，主动解决学生最关心的实际问题

大学生的在校教育管理涉及很多与学生个人权益密切相关的因素，如学习问题、职业困惑、家庭经济负担以及心理难题等。高校需要高度重视并解决这些实际问题，让他们感受到自己备受关注和关怀，从而在他们心中建立起接受管理人员的教育和指导的感情基础。在解决实际问题的同时，高校要重视与解决思想问题相结合，解决问题和讲道理要同步进行，坚持教育与管理并重，以达到既关心他们、帮助他们又教育他们、指导他们的目的。

2. 在管理实践中，高校不能忽视学生的情绪诉求，以及规则的刚性和管理的弹性

管理学生是做"人"的工作，人具备逻辑思考和情感联系能力。无论教育手段多么现代化，亲身交流的思维碰撞始终是无法替代的；无论通信媒介如何进步，人与人之间的情感交流是必须存在的。正是这种感情纽带，促使管理能够达到协调和完善的效果，从而激发学生的主动性和积极性。针对每个学生的个别情况，采用适宜他们理解并接受的管理方式。只有这样，学生才愿意遵从有关规定，主动融入自身的行为准则，以此形成良好的行为习惯和品格。

3. 亟须建立一套高品质的管理体系

这套体系需要管理者对学生倾注真挚的爱心、体现由衷的尊重及以给予足够的理解、无微不至的关怀和完全的信任，管理者还要注重自身的形象，使形象教育成为一条重要的人才管理途径。构建一套全员参与的教学机制，达成全员、全

过程、全方位的教育格局。努力创造充满生机和活力的校园氛围，打造内容丰富的校园文化，这样可以悄无声息地给学生以教育和引导。通过多种多样的校园文化活动，学生们的课外生活更加丰富，他们才有机会得到锻炼，他们的天资可以得到展现，他们的素养也可以进一步提升。置身于充满文化气息的校园环境中，学生们会感到愉快，视野也将得到拓宽，使他们全面而和谐地发展。

（三）科学管理的理念

早在20世纪初，科学管理理论就已在西方工业化国家被大规模实施，并产生了深远影响，因此，泰罗被公认为"科学管理之父"。简言之，科学管理是通过实践经验的标准化、系统化和科学化，来替代个体经验导向的管理模式。其主要聚焦三大核心：一是提高工作效率，这是科学管理的主要任务和形成其原则方法的基石；二是建立确切的管理体系和标准，使管理科学化和制度化，从而提高工作效能并实现最高效率；三是科学管理的重要性并不仅在于具体的系统和方法，更在于其引发的重要思想转变。在高等教育管理中，科学管理的特色反映在规范性、制度化和模式化，其核心价值在于提高学生管理效率、组织架构的完备、工作计划的细致、规章制度的严格、职责分工的明确、管理程序的细化、物质激励和纪律约束等。这种管理模式使大学生的学习模式、纪律规定、行为规则、运行程序得以规范化，信息传播、所有学习生活均实现程式化，从而最大限度地引导学生接受正确价值观，并使管理效果达到最优化。

1. 借助完善且科学的体制标准来引导人们

对别人的尊重并非纵容，缺乏规则的行为不被社会接受。培养良好的习惯是学生成才的关键要素。因此，高校必须集中资源，加强对高等教育管理的制度文化建设，以制定科学和人性化的教育管理体系。

2. 构建一种师生之间平等相待、相互尊重的关系

管理者的角色定位不应仅仅是高高在上的主宰者，而应该转变为积极的引路人和牵线搭桥的角色。作为管理者，他们需要与学生建立亲近的关系，相互平等的沟通，并尊重学生的个性，用诚恳的态度提供学习指导、生活帮助和心理建议。特别是辅导员，他们在管理过程中需要用创新的方式发挥自己的特长，通过与学生的沟通互动来实现自我价值和生活理想，真正落实互为主体，共同学习的理念。

3. 打造一体化的工作机制和运行体系

对于学生工作的相关机构需要进一步加强，提高其在组织和协调各项工作中的实力，明确并理顺学生管理系统中各部门、各层次、各职位的职责关系。无论是管理还是教学，无论是课堂内还是课堂外，无论是学院还是行政部门，无论是各行政职能部门还是所有的管理人员，都应遵循相同的标准和统一的声音，以帮

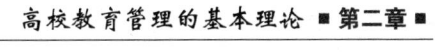

助整合各方的力量，相互促进发展。

（四）依法管理的理念

依法管理是依法治国计划在大学的具体体现。在大学生的教育管理过程中，依法管理的重要性显而易见，也即是高等教育管理需以法律为准绳，按照法律要求，在教育管理决策、规划、组织和监管环节，都要受法律制约，不能有任何违法行为。大学生教育管理坚持依法管理的原则，因为这是教育管理发展的自身需要。一方面，管理的主体已经发生了巨变，大学生的法律维权意识已大大增强；另一方面，管理工作面对各种新情况和新问题，如学生借贷违约、就业合约违约，学生婚姻、事故伤害或者死亡处理，学生心理健康和隐私保护等。因此，针对新情况和新问题，高度强调依法的管理对大学生显得至关重要。

1. 增强法律意识，并提高对法律知识的学习热情

自中华人民共和国成立之日起，我国已构建一系列与教育相关的法律，如《中华人民共和国教育法》《中华人民共和国高等教育法》和《中华人民共和国教师法》等，还颁布了包含《中华人民共和国学位条例》《普通高等学校学生管理规定》和《教育行政处罚暂行实施办法》等200多部规章，在《中华人民共和国教育法》的基础上，形成了一套完整的教育法律法规体系。作为大学教育的管理者，有责任细心学习及理解这些法律和规章，确保能有效地处理重要问题，并可及时查询以解决棘手问题。除此之外，应鼓励学生积极地去学习这些教育法律法规，了解他们的权利和义务，增强他们依法维护权益和履行义务的意识，同时培养他们的学习和遵守法律的习惯，为他们适应社会、推动我国法治建设夯实基础。

2. 必须以法规作为准绳，根据法律构建适合学校具体情况的内部规定

目前，大学生教育管理的相关法规已经相对完善，但是由于不同类别、不同层次、不同地区的高等学校有各自独特的学生管理实际需要，必须依照《普通高等学校学生管理规定》等相关法规，建立符合学校具体情况的内部规章制度。

3. 必须严格遵循法律条例

必须将学生的规范化管理和对学生合法权利的有效保护结合在一起，既坚持严格管理，又给予充分的尊重和平等对待。特别是在处理学生的违规和违纪行为时，始终要确保事实清楚、证据充分，并且正确、适当地使用法律条例，处理过程符合相关法律的要求。确保不滥用权力，不越界，保持公平和公正。

二、高校大学生教育管理的原则

（一）方向性原则

大学生教育管理遵循一种方向性原则，即关于应当培养何种人才以及如何培养人才的问题。大学生教育管理对于高校的运作是至关重要的，是校方育人工作中的重要环节。社会主义大学的宗旨是培养得力的社会主义事业的建设者和接班人，而大学生教育管理正是影响这一目标实现的关键因素。所谓的方向性原则，是指在制定大学生教育管理目标、进行教育活动时，必须与大学培养人才的总目标，以及与党和国家的教育方针、标准、政策和法律规定的教育和管理目标保持一致。方向性原则对于大学生教育管理起决定性作用。只有坚持它，才能引领大学生教育管理朝着高等教育总体目标的方向迈进；只有坚持它，才能保证教育管理的正确方向，从而有利于培养全面发展的社会主义事业的建设者和接班人。坚持方向性原则是由大学生教育管理的社会性质所决定的，同时也是对中国大学生教育管理经验的总结。

在管理高校大学生教育的过程中，坚守方向性原则至关重要，主要包括以下三个方面。

1. 提升管理人员的政治意识

为了凸显大学生教育管理的方向性，首要任务是提高管理者的政治敏感度，使管理者在管理过程中能够有意识地深思管理的政治导向和价值取向。管理者需要在大学生教育管理的全过程中，均融入其方向性。引导学生积极参与改革开放和社会主义现代化建设，通过为国家和人民不断努力，实现自我价值。

2. 以制度的合理性体现管理的政治导向性

高校应设置与国家法律法规一致的大学生教育管理相关规定。借助合理的制度来维护大学生教育管理的方向性至关重要，密切注意将方向性原则融合在系统建设和实施的全过程中，使学生能够坚定社会主义的理想信念，并在实践中展现其能力。

3. 根据时代的需求，适当调节管理目标

坚守方向性原则不仅体现在政治层面，更在于管理能否服务于党和国家的核心使命。在不同的阶段，党和国家的使命以及对人才的需求都各不相同。因此，高等学校的大学生教育管理必须贴合时代主题，不断进行目标调整和管理模式的创新。目前，发展已经成为时代的主题，因此，必须根据这个时代主题来确定具体的大学生教育管理目标。

（二）发展性原则

坚持发展性原则是大学生教育管理的核心，包括两大要素：一是管理本身需要保持持续的优化；二是利用管理手段促进学生全方位发展。从管理实践看，随着我国的社会政治、经济和文化的发展进步，社会活动发生了复杂而深远的改变，从而让我们对大学生教育管理的现行情况、环境、目标以及职责有了更新的认识。这就需要对管理的体制和方式做出相应改变，并及时调整管理方式、目标和计划，以确保大学生教育管理工作能够真正发挥效用。

通过管理促进学生全面发展，主要做到以下三点。

1. 构建发展的观念

思维方式往往会影响行动的方向，一定的发展思想会产生相应的管理方式和结果。传统的大学生教育管理方式过于重视管理，以约束学生为管理的起点。一些管理者经常以严格的规章制度来约束学生的行为，用指令和约束代替交流。这些做法经常伤害学生的自尊，削弱学生的自我决定能力，不利于学生的全面发展。因此，大学生教育管理应坚持发展的原则，改变传统观念，并有意识地把学生的全面发展作为管理活动的基础。在大学生教育管理过程中，应坚持推动学生全面发展的责任和追求，摒除旧的思维方式，用新的发展的思想来指导管理决策，制订管理计划，规划学生的全面发展。

2. 持续推进管理创新

从管理角度来帮助学生的全面发展，要注重管理本身的持续发展，切实认识到管理的发展其实就意味着创新。服务于学生全面发展的管理创新就是在遵循大学教育管理的普遍规律的基础上，坚持继承与创新相结合，进行创新的工作实践，以推动学生的全面发展和成长成才。现在，大学教育管理的机制、途径、方法和平台都是为应对过去的情况而设置的。然而，基于社会经济的快速发展，大学教育管理工作面对新环境和新问题，大学生的心态面临迷惘和困扰，观念上显示出多元化趋势。传统的管理方式已经不能满足目前的需求，解决不了目前的问题。因此，对大学教育管理工作进行创新成了时代和社会赋予的重任。

3. 高效整合各种资源，以推动学生的发展

在高校管理实践中，我们始终秉持的观点是，对学生的管理除了约束外，更多的是服务。然而，在实际管理过程中，管理通常是主导，而提供的服务较少。从实践经验中我们得知，将诸如职业规划、生活支持、就业指导和心理咨询等全方位服务融入管理体系中，将更有助于启发学生的主动性和创新思维，从而促进他们的发展。因此，高校需要重新审视学校内部管理部门之间的关系，通过部门间的协作和深度联系，将各种资源聚集成一个有机的整体，确保人力、财力、物力、信息和资源等得到最大限度的利用，以集结力量，推动学生的发展。

(三)激励性原则

在大学生教育管理过程中,采用具体的实物或心理手段,触发学生思想与行为的变化,激励学生的热情和创新思维,使学生的潜力能被充分地挖掘出来,以实现管理目标。在高校的教育管理中,如果能正确地使用激励原则,那么管理行为就更容易被学生所接受,而且更能有效地实现管理目标。

施加的激励是否能产生预期效果,依赖于其在实施过程中所用计划,办法是否适应大学生的成长现状,是否能满足大学生的需求,以及能否在其心中唤起自我激励的驱使因素等。因此,在大学生教育管理中应用激励原则,要求完成以下三项任务。

1. 采取积极鼓励措施

在大学生的教育管理过程中,科学和合理地利用激励机制,可以有效地鼓舞学生的积极性和创新精神,以及正面影响大学生的观念和行为。激励主要分为两种:其一是物质型的,主要是现金或实物,满足物质需求是人的生存和发展的一个必要条件。对学生进行适当的物质激励,有助于提高学生的积极性和主动性。其二是精神型的,主要通过各种形式的表扬,授予一定的荣誉。积极的激励有助于学生将来自外部的推动转变成自身的奋进力量,最大限度地释放自身潜力,进而有效地推动他们成才。在进行大学生教育管理时,要平衡好物质激励和精神激励的关系,根据学生的实际情况采取恰当的激励措施,以确保管理效果。

2. 在管理中提倡树立典型

以典型人物作为引导并激励他人的楷模,使大学生有了明确的追求目标和方向。因此,需要擅长塑造并宣扬这样的榜样,宣传和提高他们的知名度,同时倡议学生向这些人物学习,努力向他们看齐。

3. 运用情感影响方法

情感是推动人格成熟的动力,也是大学生追寻美好生活的驱动力。为了保证管理目标能够实现,一般都需要依赖情感的驱动。当管理者与学生的关系平等、开放、和谐时,管理活动就能顺利地展开;而当双方发生矛盾、相互误解时,学生常常产生抵触情绪,而此时管理效果会大打折扣。因此,管理者不仅要通过规则来管束人,也要通过真挚的情感来影响人,注重交流,消除误解,用欣赏的目光看待学生,使每个学生的需求得到尊重、困扰得到解决、潜能得到挖掘。

(四)自主性原则

在高校教育管理中,自主性原则是十分重要的法则,它推动学生参与到管理过程中,协助唤起他们的热诚和创新性,实行民主管理,实现自我管理和服务。

这种自主管理理念是高校教育秉承的核心，其选择不仅具有双面性，也可以帮助实现教育目标。教育管理的最终目标是育人，这就需要将外部的行为规范转化为内部思考方式，从而引导被管理者的行为。如果学生的积极性不能被唤醒，则无法接受管理，从而影响管理的有效性。另外，这同样有利于满足大学生自主管理的需求。随着我国社会主义市场经济的持续发展，大学教育正在逐步走向经济社会发展的最前沿，市场经济的自主性、公平性、竞争性和法治精神对大学教师和学生的影响越加深远。因此，大学生对自我管理的认识日益强化，他们渴望在各种事务管理中担任主角，实行自我管理，发挥主观能动性，实现自我服务。

在大学教育管理中，坚守自主性原则需要实现以下三方面要求。

1. 激发学生的自主管理意识

在大学生教育管理中，我们需要创造宁静、愉悦的环境，使学生的自我需求被尊重。同时，使学生能体验到自主管理的满足感，享受自主管理带来的收获。

2. 构筑以学生为中心的平台

作为一名辅导员，着眼于对诸如班委会、团支部以及学生会等学生独立管理平台的筹建，以提升其融合效果和吸引度，制定定期流动机制和激励措施，确保学生在自主管理过程中保持活跃的参与度。作为辅导员，我们必须敢于"放手"，把大学生的教育管理工作交给学生自己去完成，实现学生的自主管理和自我服务。

3. 指导和强化学生自主管理

自主管理并不等于无拘无束的自由，因此强化对学生自主管理的指导是必要的，这样才能保证管理的方向和效果。如何才能保证管理方向和效果呢？这涉及四个方面，分别是明确目标，设定期望，使学生了解他们应该达到的水平和预期的效果；建立准则，清晰思维逻辑，教导学生如何完成他们的任务；进行有效的监督，跟踪学生任务执行的情况，持续关注任务进展；适时反馈给学生，协助他们及时改正方向，确保他们的任务能够按照正确的轨道进行。

第三节　高校教育管理的过程与方法

一、高校大学生教育管理的过程

（一）高校大学生教育管理过程的含义

在大学教育中，教育管理过程是指管理者应如何处理和调解那些可能限制或者影响学生个体发展的因素，同时考量他们之间的相互关系，对其进行针对性的调整以达成总体目标。本质上,大学生教育管理过程需要应对各种组织环境的变动,控制被管理对象的变化和进展,并按照整个组织的愿景来调整管理行为,确保管理工作在变化莫测的情况下依然能有效进行。在大学生教育管理中,领会并熟知管理过程的每一个步骤是非常重要的。由于最终的管理目标并不会随着管理行为的实施直接达成,而需要通过连续不断、反复进行的动态过程来实现,高校对于大学生教育管理过程的重要性需要加强重视。只有深入了解管理过程,才能准确把握管理行为的各个组成部分,以此提升大学生教育管理工作效率。同时,这也能帮助高校全方位理解由各组成部分构成的整体管理活动,确保大学生教育管理工作能够面面俱到。

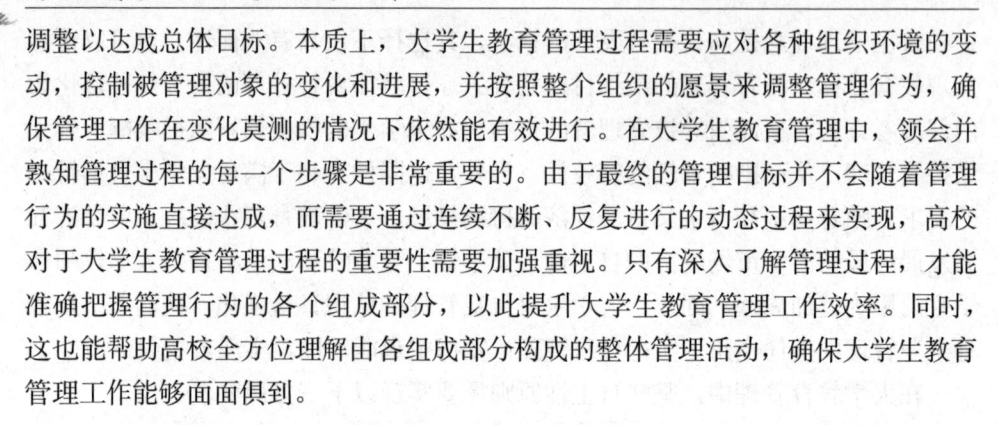

(二)高校大学生教育管理过程的主要环节

1. 高校大学生教育管理决策

对于高校大学生教育管理,其决策过程是基于足够的信息和深入的情况分析,以科学的手段,从多个可行性计划中寻找并选择一个合适的计划,以实现预设的目标。这个决策过程涵盖了对当前状态的研究,确定问题和目标,创建、比较和挑选合适计划的任务。

(1)深入探究现状。决策是为了应对确定的问题而设立的。所以,高校在制定决策之前,首先需要检查问题是否真实存在,问题的性质为何,以及这个问题是否已经对社会、学校、大学生及其未来发展产生了不良影响。检视大学生在学业、日常生活、技能培养、实践活动以及未来的职业发展和创业计划等可能出现的诸多问题和面临的挑战,清楚问题的性质,将这些问题作为决策的出发点。当然,研究这些问题的主要责任人应当是学校的高级管理层。这不仅因为他们需要为学校的发展和学生的未来负责,也因为他们在学校中的位置使他们能够全面了解情况,从宏观角度找出问题所在。

(2)设定目标的重要性。在分析大学生的学习生活、技能发展、实践活动和未来可能面临的阻碍与挑战,以及潜在的不协调因素之后,需要进一步讨论如何解决这些问题,以及行动应满足何种标准,应取得何种效果,就是要明确决策目标。这是因为目标设定具有以下优势:一是确保学校内部各个目标的一致性;二是为学校的资源管理和分配提供依据;三是有助于创造一种包容性的思考模式或气氛,如创设一种有条理的学习环境,养成积极参加社区实践的习惯,营造创新精神等;四是帮助与学校目标相符的学生构建自己的学习、实践和生活的重心,同时提供对他们进行干预的理由,防止他们过度投入与学校目标不符的活动;五是推动学校的总体目标以及各个阶段目标转变为一种分工机构,包括在学校内部将任务分配给各个职位。最后,通过能有效度量和控制组织各项活动的成本、时间和效果的方式,详尽阐述组织目标以及如何将这个总目标分解为各阶段小目标。

在确定目标的过程中,需要关注以下重要环节。首先,需要设立目标,分别包括希望尽可能达到的最好情况(理想化目标)和你必须完成的情况(必要的目标)。其次,要深入研究各个目标之间的相互关联。在大学生教育管理的过程中,尽管目标多种多样,但在不同年级、不同专业的学生视角下,这些目标的重要程度不是一样的。在特殊时段,只能选取一个最主要目标,但是,这些目标可能存在既相互联系又相互冲突的情况。例如,对即将毕业的学生来说,报考研究生的考试、学习公务员考试的内容、申请工作的职位,这些在某种程度上是相互关联,同时也存在冲突。因此,选中主要目标后,需要明确其与非主要目标之间的关系,防止在实施过程中主要精力和时间被非主要目标占据,造成因小失大的后果。最后是目标设定的限定。目标的执行可能会给学校和大学生带来优秀的成果,但也可能产生相反的效果。限定目标就是要衡量优点与缺点,决定哪些负面结果是可以接受的,一旦超出可承受的范围,就必须立即终止原定计划,停止目标的活动。所有的目标,无论其性质如何,都必须满足三个基本属性:可衡量、期限清晰、负责人明确。

(3)拟订决策计划。决策的核心在于如何选择,如果想要作出正确的选择,就要提供多种选项。从实践角度考量,实现任何目标都需要诸多方法,缺乏充足的选择计划的情况少之又少。因为对主管人员来说,若只有一种操作方法,那么这个方法极有可能是错的。在这种场景下,主管人员不会再去深思熟虑其他有利于优化决策的手段。

决策计划阐释了学校为完成既定目标所规划的具体实施方法和主体步骤。这是因为,实现目标的方式不只有一种,而是可以涵盖许多不同的行动,因此,制订多种计划是必要的。在这个过程中,首先,需要保证有充足的计划供挑选。为了确保计划选择具有实际意义,每种计划都应具有独特性而非重叠。如果一项计划的活动可以被另一项计划包含,那么前者就没有存在的必要和价值。其次,制订初期计划。一般而言,制订任何计划都应该基于对环境的深入分析和问题的发现,然后,根据问题的具体特性以及解决问题所要求的目标,提出各种改进的想法,经过分析、整理、分类,就能够得出各种各样的初步计划。最后,产生一系列可行的计划。基于对各种初步计划的筛选和加强,对筛选出的计划进行进一步完善,预测其实施的结果,如此就能生成一系列可行计划。

高校在选择适宜的策略之前,首先需要弄清各个计划的优缺点。这包括一系列深入的评估和比较,主要涉及三个要点:第一,确保评估执行计划所需条件和应对这些条件产生的成本;第二,调研该计划为学校和学生带来的收益(长期和短期);第三,思考实施过程可能出现的问题,以及这些问题可能引发的失败风险。经过全面的评估和比较，可以识别各个计划的差异性，理解其各自的强项和弱点。在选择过程中，不仅要弄明白哪个计划可以实现整体收益，还要准备好替代计划，以适应环境的变化。替代计划的存在，是为了在可预见的变化发生时，能及时并有效进行预防和作出应急反应，避免变化发生时陷入困境，或者失去应对计划从而导致各种损失。

2. 高校大学生教育管理计划

计划过程是将决策具体实施的过程，一经决策，必须迅速开始计划。通过计划，将决策目标具体化和实践化，没有计划，决策就会失去价值。

大学生教育管理计划在高校中的作用是，基于既定决策目标，考察实际状况后，科学且及时地预测和构想针对特定目标的未来行动计划。换言之，通过分配学校在限定时期内的任务给学生管理的多个部门、环节以及个体，旨在为这些部门、环节和个体的工作和活动的审校与控制提供依据，同时为实现决策目标提供组织支持。

高校对大学生的教育管理计划是一个有组织且需要协调的流程，它明确地指明了学生管理部门、管理人员以及学生自我管理的方向。明白了机构的愿望以及达成愿望所需的努力后，所有相关参与者能够开始调整自身行为，协作并形成一个团队。然而，如果没有明确的计划，则导致走偏并降低达成目标的效率。高校大学生教育管理计划同样可以引导学生管理部门和管理工作人员预见未来，感知潜在的变化，并提出应对策略，同时避免了不确定、重复和浪费的做法。通过建立明确的目标和标准，该计划还能为管理行为的控制带来便利。计划中设定的目标在控制过程中作为衡量实际效果的参考，从而及时发现可能出现的较大偏差，并进行必要的纠正。显然，没有计划，就没有有效的控制。

（1）高校大学生教育管理计划的制订。通常情况下，高校可以依据以下步骤来制订大学生教育管理计划。

①整理相关信息，为计划的构建提供参考。计划是为实现决策的组织部署而构建的，要知道决策者的选项，理解有关决策的特征和需求，考察决策提出的整体环境和实施决策所需的条件，这是构建行动计划的基础。鉴于计划任务所需的人员涵盖不同的专业领域和学年，因此，计划的制订者也需要搜集反映不同专业和不同学年学生的活动能力，以及外部相关资源供应状况的信息，进而为制订计划提供参考。

②目标或任务的分解。这是一个把学校的整体目标从管理层分配到各个部门和行动环节的过程，同样包含把大目标切分为各个阶段的小目标的操作。这个分解过程帮助我们明确学校在将来的每个阶段需要完成的明确任务，以及完成这些任务所需达到的具体标准。通过这个方式，能够构造出学校的目标体系（包含

时间和空间的框架)。这个目标体系总结了学校在层次结构上较高和较低的目标（总目标、长期目标以及部门目标、活动环节目标、个人目标和阶段目标）之间的交互影响，像是高层次目标对低层次目标的引导关系（如总目标对部门目标、长期目标对阶段目标）以及支持关系（如部门目标对总体目标或阶段目标对长期目标）。

③目标架构审查。目标架构审查关注的是调研较基础层面的目标是否有可能为较高级目标的实现提供保障，也就是说，是否有能力确保在各个阶段学校设定的特定目标得以实现，以便确保长远的目标能够完成。学校各部分划定的明确目标是否也能实施并最终确保整体目标的实现。如果存在无法实现的较低层级的特定目标，应思考能否寻找一些补救计划。如果无法实施，应考虑是否需要调整上一级的目标设置，有时可能需要对全部决策进行重新调整。

④全面调和。总体而言，实现全面调和的关键依赖于以下三个要点。首先，我们需要研究由目标框架决定或相关的学校各领域在不同的时间范围内的职权是否有所衔接以及是否紧密相连。换言之，我们需要探讨工作的时间平衡和空间平衡。时间平衡即是研究学校在不同阶段的任务是否相互关联，从而能否确保学校的活动可以顺利地进行；空间平衡则要探究学校的各环节的职责是否保持合适的比例关系，从而确保学校的全部活动可以平稳地进行。其次，研究学校的活动推进与资源供应的关联，探究学校能否在合适的时间内收集到合适种类和数量的资源，从而能否确保学校活动的连续性。最后，分析在不同阶段，各环节的职责和能力的平衡性，也就是说，探讨学校的各个部门能否在任何时间都有充足的能力去发挥指定的职能。由于学校的外部环境和活动条件会发生变化，这就会引起职责的转变，因此，在职责与能力保持平衡的同时，还应留有一定的余地，以保证在必要情况下即使调整也能够顺利进行。

学校能够基于全面平衡的原则，为各个部门创建不同时间段的行动计划（例如，长期的、年度的、季度的行动计划），然后进行实施和执行。

（2）大学教育管理计划的执行。高校旨在执行已设立的计划，而执行该计划需要管理人员和大学生共同努力。因此，能否保障计划的全面、高质量地实施，主要取决于在整个执行过程中能否有效激发大学教育管理人员和大学生的热忱。

（3）优化高等院校对学生的教育管理计划。在实际执行过程中，计划需要根据实际情况不断调整。这种调整不仅是因为环境因素的持续变化，也因为学生对事物理解的刷新和加深。为了更好地满足环境的需要，提高学生各项活动的效率，高校需随时对计划进行优化。滚动计划就是一种保证计划在实施过程中能够及时适应实际情况而做出必要的调整和优化的现代化方法。该方法是根据计划执行的结果和环境的实际需要，定期刷新未来的计划，逐渐进步，使短期、中期计划紧密相连。由于在编制计划过程中,未来的各种影响因素难以精确预测,计划的长期性促使这种不确定性加大。如果高校仍坚持执行多年前的计划,可能会带来一些无谓的损失。采用滚动计划就能有效避免这种由不确定性导致的不良后果。制订滚动计划的基本步骤是,在确定了学校在某一时间段的行动计划后,根据学校内外部环境的改变,定期对其进行修订,使计划持续进展。滚动计划的主要目的在于长期计划的制订和优化。长期计划的环境常常比较复杂,因此,高校可以采用灵活的滚动计划方法,以便根据环境的变化和学校内部活动的实际需求做出适当调整。这样,学校就能始终维持一个能引导所有部门和各个阶段活动的长期计划。显然,这种计划模式也适用于短期计划的制订和调整,比如年度和季度计划的设定和调节。

3. 高校大学生教育管理组织

高校学生教育管理团队其实就是学校内的学生管理部门和管理人员,其目标是有效实施预定的计划。通过构建管理系统,制定职位、任务和权力,协调各方的互动,从而把机构内的各个元素集成一个有机的整体,确保人力、资金、物资、信息、时间和技术等资源能够被最优化地配置和利用。

科学合理地建立高校大学生教育管理机构,有效地进行组织工作,都是直接影响大学生个人进步和未来发展的重要因素,并且是实现高校大学生教育管理目标的关键。因此,为了更有效地开展高校大学生教育管理,必须将高校大学生教育管理组织机构的构建科学化、合理化,这需要创建一套科学的高校大学生教育管理机构并使其充分发挥作用。

(1) 大学生教育管理机构及其功能。现阶段,各高校学生教育管理已建立相对统一的组织架构,具体如下:学校党组织和校行政→党委副书记和副校长→学生工作处及团委→院系党总支副书记→年级辅导员→学生会。

①学生工作处。学生工作处不仅是管理行政机构,同时也是进行思想政治教育的部门。该机构的任务不仅包括处理学生的入学、求职、奖励和惩罚、指导日常生活以及行为规范等行政职责,还包括对新生的教育引导、每日的思想教育及毕业生的就业观念引导。这种配置使管理和教育相结合,并提供了组织上的保障,有助于在学校党委的广泛指导下,学生事务的运行能够有序、有计划地进行,避免了教育和管理相脱节,出现二元分离情况。

②团委。在高校的教育管理领域,团委的职能包括:在高校党委的领导下,提高大学生团队的创建与监督;负责对学生会及各学生社团的管理和指导;策划和推动学生参加社会实践和志愿者服务等活动。

③学生会。学生会拥有一套比较完善的组织体系,涵盖了校级学生会、系(院)学生会以及各个班级的班委会。学生会有一个较为严格的管理框架,每一

个部门和成员间都有明确的职务分工和协同合作，既保持相对的独立性，也构成了一个整体。大学生的教育管理工作若想在高校得到有效的执行，一定要优化、稳固并依赖学生会这个组织。在对学生组织的管理上，校方和管理部门不仅要提供必要的指导，还应该在财务上提供适当的支持。同时赋予他们一些权力和地位，充分激发他们的积极性和主观能动性。因为学生会的架构设置涉及广大学生的各种各样的问题，代表了广大学生的利益，所以，如何使学生会真正发挥桥梁作用，对于有效进行高校学生的教育管理至关重要。

④大学生自我管理委员会。有些高校开始设置大学生自我管理委员会。通常而言，该委员会在学生行政部门或学生团体组织下成立。其组织构成包含生活保障部、宿舍管理部以及纪律审查部等。生活保障部的主要职责是推广教育、建设文明用餐环境，旨在改善餐厅环境、维护用餐秩序，纠正和阻止不文明行为、打造和持续保持良好的生活环境。宿舍管理部的主要任务是与学校的宿舍管理办公室或产权管理部门共同管理宿舍，以此营造一个清洁、宁静、舒适的学习和居住环境。纪律审查部的核心工作是整治校园环境，可以定时、定点或随机监控学生的违纪行为，同时负责保持餐厅秩序、学校巡逻以及检查学生上课的迟到、早退等相关事务。

（2）高校大学生教育管理人员的职务设计。著名的管理权威哈罗德·孔茨曾指出："为了让个人能有效地工作以实现目标，就需要制定并维护一种工作框架，这就是组织管理的核心。"现在，为了提高高校的学生管理效能，各高校正在对学生管理人员进行新的工作布局，目标是实现学生管理人员的专业化、专职化和专家化。高校的学生教育管理工作是一项集合了理论、知识、实践、时代和时效五大元素的职能，致力于学生的进步和成长，理应被视为一个独立的领域。学生管理人员应是拥有广泛技能且能够提供学生教育管理服务的专业人员，同时是能对学生求职咨询、生活学习、人才培养、心理咨询、时事政策教育等方面提供专业指导的人才。只有这样，才能满足学生管理的需求，提升管理效果。在实际工作中，他们不仅要处理日常事务，还要积极研究出现在学生工作中的新问题。他们应像专家和学者一样，将学生管理工作视作一项事业去经营和追求，熟知学生管理工作的规律和技巧，成为学生管理领域的专家和学者。

（3）适合且审慎的人员布局。针对高校的人力资源布局，为了提高大学生管理水平和效率，各高校应根据教育部的要求和具体工作需求做出适合且审慎的人员布局，以保证管理人员有足够的数量。在保证人员数量的前提下，专职和兼职人员应相互协作，不断提高工作效率。当前，学生管理工作主要由各学院部门承担，由院党委副书记、全职和兼职辅导员共同协作完成。另外，由于大学生求职形势日渐紧张，许多高校计划在大学生教育管理团队中引入就业指导员，旨在为学生提供就业指导和必要的支持。

二、高校大学生教育管理的方法

（一）高校大学生教育管理方法的内涵

大学生教育管理方法是在高校中为了实现管理目标、确保管理流程顺畅所使用的方法。它是管理过程中必不可少的工具，源自管理实践，并与管理理论的建立紧密相连。在一定程度上，现代管理理论中相继出现的各个派别，都代表着管理方法的屡次创新。

管理方法是对管理理念和理论的具体体现，是管理原理指导管理活动必不可少的桥梁，是实现管理目标的路径和手段。只有通过管理方法，管理理论才能在实际操作中显现其价值。管理方法的重要性是任何管理理念和理论都无法替代的。如今，管理方法领域在汲取和应用跨领域理论和知识的基础上，已经逐步发展成为一个相对独立且系统全面的领域。

（二）高校大学生教育管理的主要方法

1. 目标管理的方法

管理学巨擘彼得·德鲁克，于1954年首次提出了目标管理的理念。他的主张是将组织的任务转化为总体目标，并根据任务性质和组织架构，分解为各部门、各层级子目标，以便最大限度利用组织成员的能力，统一他们的付出。在此情况下，各级领导按照子目标的需求，对下级员工的工作进行指导和管理。在目标管理的过程中，所有人员和部门都必须全力以赴完成组织的总体目标。在各自的工作中，他们应设立目标，制订计划和规章，以最有效率的方法实现目标。通过审查、绩效考核、评估和评价目标达成的程度及改善的空间，作为设定未来目标的重要参考。

（1）目标管理的程序。

①明确目标。制定学校整体及各个部门的目标方向，是设定目标的重要一环。完整的目标指的是学校期待在将来达到的状况和标准，它的实现依赖于全体成员的共同付出。为了协调各个学生在不同时间和地点的付出，各部门的任一工作人员都必须设置与学校目标相辅相成的子目标。这样就能创建出一个以学校目标为中心的连续的目标体系。在设定每个部门和每位成员的目标的时候，学生管理部门和学生管理人员需向学生表明自己的方针和目标，学生也应根据学生管理部门和学生管理人员的方针和目标来构思自己的目标计划，由学生管理部门和学生管理人员在此基础上进行整合，最后做出决策。换言之，设定目标就是要求每个学院、每个班级都要在不同阶段设立不同的目标，包括学习目标、实践技能目

标、行为规范目标、健康卫生目标以及道德修养和生活追求目标，并以此作为奋斗的目标。同时，也需确保目标设定具有明确性和可量化性。目标设定既需具备挑战性，又要通过付出努力能够实现。最后，需要为目标设定一定的时间范围，也就是说，目标需要在一定时间内完成，不能无限期地推延。

②实现目标。所有层级和不同学院的大学生为了实现各自的小目标，必须组织开展某些活动，并在这些活动中适当利用资源。为了确保他们有组织目标活动的能力，学校必须给予他们相应的权力，以便他们能动员和使用必要的资源。设立目标后，大学生会知道努力的方向，如果有了权力，他们会形成与使用权力相匹配的责任意识，进而能够充分发挥自己的判断力和创新能力，有效推动实现目标的活动。

③结果反馈。结果反馈不仅是奖罚的根据，也是沟通的窗口，还是自我管理和自我驱动的方式。结果反馈包括学生管理机构及其成员对学生的评价，学生对学生管理机构及其成员的评价，同级部门间的互评以及各层级个体的自评。这样的双向评价有助于信息和观点的交流，对于组织岗位的管控也是有益的。同时，部门横向间的互评，同样有助于确保各环节的活动高效配合。在各层级中，学生的自评有助于推动其自我驱动、自我管控以及自我完善。

④实行激励制度。学生管理部门和学生管理者对每个个体的激励或惩罚，是根据前述的多种评估结果来确定的。这种激励和惩戒可以是物质上的，也可以是精神上的。公正而透明的奖惩机制能够激发和保持大学生对学习和工作的高度热忱和积极性，若激励与惩戒丧失公正性，则将会影响大学生行为的改善。

⑤确立新的目标。启动新的目标管理流程。成绩评估和团队成员的奖励不仅汇总了某一阶段组织活动的成效和成员的贡献，也为未来的工作提供了参照和学习的机会。在此基础上，为各组织及其各层级和部门设定新的目标并安排执行，从而开启了目标管理的新一轮循环。

（2）实施目标管理应遵循的原则。

①权力下放原则。在大学生执行目标的过程中，学生工作管理者应该适当地赋予学生权限。

②协助原则。协作意味着学生工作管理者必须为学生提供相关信息和支持，并且帮助他们解决在实际操作中可能遇到的一些难题。

③训练原则。身为大学生工作管理者，既需要持续完善自我，以便提升个人的目标管理能力，同时也要训练学生，协助他们学习相关知识和技巧。

④控制原则。完成目标有一定的时间限制，为了保证目标能够顺利完成，学生管理机构与学生工作管理者必须在每个阶段对学生的行为展开监督检查，并对出现的问题及时进行协助纠正。

⑤成果评价原则。成果评价原则包含众多原则,如秉持公开、公平、公正及共享成果的法则。实施公开的原则即要求开放性评估,如学生自我评估,以及学生工作管理人员的客观评估。秉持公正和公平的原则即以事不以人的准则对目标完成度进行客观比较。实施成果共享原则要求充分认可学生的成绩,将成绩归于学生。

2. 民主管理的方法

在高等教育管理工作中,实行民主管理势在必行。在人们内心深处,对民主的追求被视为更高层次的需求。民主与人的素质紧密相连,作为拥有较高文化修养的群体,大学生对民主的追求更为强烈且更具深度。实施对大学生的民主管理,不仅可以推动他们学习、生活和社会实践顺利进行,也有利于他们的全面发展。为了有效地进行民主管理,以下因素需要重点关注。

(1) 尊重大学生的自主权。采用民主的管理方式,意味着在管理大学生的过程中,需要悉心照顾人的因素,即尊重学生的自我决定权,将他们视为拥有独立个性的个体。然而,现在一些学生管理者忽视了学生的主导地位和他们的独立个性,例如,有些规章制度就是在学生完全不知情的情况下制定并强制执行的,导致学生在这个过程中无法发挥主观能动性。再如,为了完成上级交给的任务,忽视了学生的自主意愿,单方面地推行某种活动。为了实施民主管理,高校教育管理者需要改变自己的心态,充分重视大学生的主导地位,尊重他们的独立性,让他们成为实现教育目标的主力军,促进学校尤其是大学教育管理者与学生间的沟通交流,听取他们的观点,满足他们的需求。尊重和重视大学生会激发他们对学校以及学生管理者的信赖和合作精神,从而支持他们的工作,达到建立学校、大学教育管理者和大学生之间的互信、互助关系的效果,同时取得良好的管理效果。

(2) 正确认识学生的价值。在高校中,管理者的关注点应该是学生的身心发展以及个性的自由发展。在对学生的教育和管理过程中,高校必须尊崇民主理念,将大学生视为教育和管理的目标和重点。然而,目前,个别高校的管理者没有把握民主精神,忽视了人的主观能动性,过分依赖规章制度,轻视了教育的本质,他们采用简单粗暴的管理方法,过度注重惩罚,这与教育的原则相违背,导致师生关系紧张。这类管理方式必须被抛弃,用民主的方法来替代。高校应当着重发展学生的主体性,鼓励他们自我管理、自我教育、自我服务和自我发展,尽可能发掘他们的主观潜力,为他们未来融入社会、走进职场打下坚实的基础。

(3) 采取以学生为主导的创新性的管理方法。从大学生的心理需求来看,他们正处于寻找自我、了解自我的时期,在此阶段,他们会产生了解自己、控制自己的强烈需求,而他们处理自我和环境的方式与中学生明显不同,他们期待外界更多地尊重他们的想法和个性。面对学校的纪律和行为规范，他们会思考其合理性，他们不愿意被动地去服从和遵守，而是希望能够参与到管理中。基于大学生的特殊心理需求，高等教育管理应当突破传统的威权管理模式，激发大学生参与管理的主动性和责任感，鼓励他们对学校工作进行策略思考，并创建一种开放民主的管理环境，使学生真正融入高校的各个层面，感受到他们在校园中的价值和重要性。比如，建立与他们平等对话的环境，让他们参与到教学、管理、后勤、社团等各项工作中，这既能够减少潜在冲突，也能改善学校和具有管理部门与学生之间的关系，创建一个共同合作、相互依赖、互相尊重、平等对话的良好沟通环境和双方主体之间的伙伴关系。

3.刚性管理的方法

严格管控，就是以法规为中心，利用制度束缚、规则监督、奖惩制度等方式对机构成员进行管理。严格管控是一种着重于严密指挥，实施高度集权制，以法规为中心的管理方式。法规经常通过规定、法条、准则、纪律、标准等方式体现，强调外部的监控和约束，具有极强的引导性、控制性，制约力是明确的。常言道："无规矩不成方圆。任何组织的正常运作和效益发挥都与严明的制度和规范密不可分。严格管控是确保机构健康、顺畅运作所必备的管理机制的一个重要组成部分，它是以"合法"为基本出发点的管理方式和手段。

大学生在成长关键期经常容易被外界环境所左右，同时他们在自我评估和自控方面常显不足，由此使他们的懒散倾向凸显。他们在成长过程中，性格呈现出复杂矛盾的特点。他们具有强烈的自我意识，但却欠缺自我监督和自我约束能力。他们渴求自我塑造、自我挑战、自我选择和自我进步，然而这些意愿却常被他们的能力、素质和社会环境所局限。基于此，强化管理是必要且有效的。采取严格管理并非旨在惩罚学生，而是依照法律原则正确指导他们，约束他们的行为，进一步维护学校的正常秩序，提高教育教学质量和学生的学习与活动效率，以此来推动学生的发展。

刚性管理主要采用明确的外部规定，主要通过实施各种政策、法规、条例和制度来规范行为。管理者的决心通过这些明确的规定表达出来，学生的所有行为都可以依据这些规定进行，决定对错的评价有一致的准则和统一的尺度。这些具体的规范不仅实施方便，为学生指明行为方向，而且让学生感到安全和信赖，让他们在规定的框架内自由行动，既安心又充满希望。实行刚性管理，应重点关注以下三个环节。

（1）根据法律条款制定学校的运营策略并构建宏观的管理框架。利用管理的主要架构作为支柱，创建新颖的学生大规模管理体系，通过合法的方式，保证宏观管理的高效和有序进行。当教育活动不断变换和扩大时，教育行为的社会背景也相应发生变化。学生逐渐从学校管理的被动接受者转变为具有权利的主体，他们不仅肩负着责任，也享有相应的权利。《普通高校学生管理规定》明确规定了学生所拥有的六项权利和应履行的六项义务，这为学生的管理提供了法律保障。

（2）制定校纪校规，严格管理。为了维护教学秩序和教育环境，对违反校规或是有多次错误行为（包括考试作弊、旷课、斗殴等）的学生进行惩罚天经地义。毫无疑问，处理学生行为失范的惩罚标准应在法律范围内并且规定明确，不能随意滥用管理学生的权力。在处理学生权益管理事务时，应当严格遵循权益、条件、时限以及告知、通报等程序责任，执行的过程必须合法，证据完备，依据明确，处罚恰当。

（3）构建日常工作制度。大部分学生管理日常任务，是可以预期并且具有一定规律性的。设定标准化的日常工作制度过程，不仅能在执行和管理学生工作时提供制度性保障，也便于监督，更能提高工作效率，降低办事成本，减少违规行为。

4. 柔性管理的方法

柔性管理的理念是作为对刚性管理的回应而出现的。现代社会，人们在管理方面的需求已从严肃、规范和科学化转变为更多地重视人文关怀和对个体的尊重，期望通过人与人之间的交流获得更深的情感共鸣和精神共融，从而实现组织目标。全面促进个人发展的管理方式也开始得到大众的广泛认可和使用，因此，柔性管理应运而生。在教育管理领域，尤其是对待大学生这一既具有思维能力、情感体验又有追求的年轻人群，传统的刚性管理不能解决所有问题，因此，柔性管理的运用变得迫在眉睫。柔性管理主张"以人为本"，重视对人性的关怀和心灵沟通，倡导通过建立和谐的组织氛围和共享的价值观来增强组织的凝聚力和团队精神，进而激发每个组织成员的积极参与和创新精神。柔性管理是在刚性管理的基础上的一种改进和优化，使组织更加生机勃勃和充满活力。如果把刚性管理看作静止的外在表现，那么柔性管理就是活跃的内在认同。然而，对于大学生的教育管理，无论是刚性管理还是柔性管理，其目的都是推动大学生的全面发展。因此，这两者在教育管理中就像汽车的两个轮子，鸟的两只翅膀，是相互补充的，需要实现"共融、共生、共建"，以达到刚与柔的完美结合。

对于大学生管理工作者来说，学生中心化和对人文关怀的重视成为柔性管理的关键。在强调尊重大学生个人尊严的基础上，需全力激发他们的主动性、积极性和创新动力，使他们在学业、生活方式、技能提升、人格塑造、校园生活以及社会应用等各方面的角色由被动变为主动，由消极态度转变为积极行动，由他人引导变为自我约束，推进他们自我控制和自我完善，努力趋善避恶，以此逐步将他们培养成社会所需要的高素质、高能力的优秀人才，同时具有良好的潜质和优良的品德。

实施柔性管理，高校需要遵守以下五个基本原则。

（1）树立"以学生为本"的管理理念。高校的学生管理工作需要实践"以学生为本"的管理理念，坚持"全力服务学生，关注学生各方面需求，关心每一位学生"的原则，将其作为首要任务，所有学生工作都要以促进学生全面发展为目标。为了达成这个目标，高校需要逐步摒弃以管理者和制度为主导的管理模式，转变成以服务型和示范型为主的管理模式，真正做到以学生为本，将保障和增进学生利益作为首要工作任务，以推动学生全面、和谐发展为目标。将管理活动与学生的幸福、自由、尊严和价值追求紧密结合在一起，真诚地打动学生，尊重学生的人格，激发学生的学习热情，关心学生生活，引导他们走向成功。高校应尽全力全方位地在学生学习、生活和实践方面予以帮助和指导，最大限度地满足他们的成长需求。

（2）进行个性化管理。柔性管理的主要任务是协调，而这必须以每个单独的个体为基础。也就是说，专门从事学生管理的教师需要与每一个学生进行互动，通过这种互动形成共识，寻找共享之处。心理学的研究揭示出人们往往对于与自己相似的个体产生好感，这是由"趋同效应"所诱发的。因此，学生管理者应以每一位学生为出发点，进行个性化调整，根据学生的具体情况、兴趣爱好、个人目标、个性和能力、优点和缺点以及未来的职业计划等因素，进行个性化管理。他们需要考虑学生的思维转变、精神层面以及共有的需要，同时理解他们不同的性格、兴趣、未来职业选择和目标，实行有针对性的（如果有必要，可以侧重于一对一的）个性化管理。

（3）发挥校园文化的引导作用。即使高校校园文化如同无形之气，虚无缥缈，但它确实是构建高校精神内核的基本元素，深深影响着高校特性的形成，以及教职工、学生、员工的精神凝聚力。一个健康、活力四射、具备时代特征的高校文化，对于塑造学生的价值观，引导学生行为，提高学生素质等诸多方面，具有不可估量的影响力。因此，在柔性管理中，高校应当发扬校园文化的引导作用，将校园文化的精华注入学院文化、班级文化、学术文化以至每一项活动中，从而培养出积极向上，有良好习惯的大学生，使他们不仅学会能做些什么——掌握知识，增强能力，更要学会如何做人——拥有良好习惯，塑造健康的性格和优良的品行。这样，就能推动大学生的自我完善和永续发展。

（4）建立全面的激励制度是必要的。如果没有激励，就会出现积极性缺乏的情况。总的来说，对大学生的管理就是以激励为主导来展开的，激励是关键因素，通过它可以持续稳定地提升大学生的自主性、积极性、主动性、创新性及潜力增长。从管理学的角度看，所有人的行为都是出于动机，并由需求触发，任何行为的目标都是满足这些需求。因此，管理大学生必须以培养学生能满足社会需求全面发展的才华，从大学生的实际需求、动机、行为、目标开始，建立健全大学生激励机制，关注大学生的思想、感情、心理状况和行为，为他们设定目标，辅导他们规划职业生涯，进而为每个个体的发展扩大可能性。创造一个激励学生提高素质、能力、塑造人格、激发创新、追求卓越的文化环境，鼓励学生巩固专业基础知识，持续提升能力水平，强化思想道德修养，最终使他们成长为社会需要的优秀人才。

（5）强调身体力行。在《有效的管理者》的序言中，彼得·德鲁克明确提出，管理需要身体力行，如果管理者不能在工作中表现出高效，就会误导其他人。高校学生管理的方式多种多样，包括树立典型、学习材料、演讲规范、单独谈心、反面教材、环境创造等，尽管常用的是言教，但效果最显著的还是通过个人示范达到教育目的的身教。孔子曾言："其身正，不令而行；其身不正，虽令不从。"现代大学生崇尚人格魅力，对于高校管理者而言，如果想要有效管理大学生，首先要赢得他们的尊重。而要做到这一点，除了具备品德和才能外，更需以真诚无私换取学生的真诚无私，以善良正直塑造学生的思想品德，以务实强干引领学生的行动，以纯洁美好去塑造学生的精神风貌。只有如此，学生管理者才能使学生受到他们榜样力量的启发，以高尚的人格感染学生，以实际行动带动学生，使他们产生强烈的共鸣，消除对抗和逆反的情绪，使他们真正做到言行一致，理论与实践相结合。大量的事实证明，学生管理者的实际行动，不仅提高了管理的实效性，还避免了冗余和无效的工作。

5. 系统管理的方法

系统管理的本质在于辨识、理解并掌控各个相互关联的过程，将其作为一个系统整体，以此协助组织机构更有效率、更高效地实现既定目标。

高校学生教育管理有系统化的特征，这在以下四个方面有所体现：首先，整体性强。大学生教育管理可以看作一个由诸如课程管理、生活管理、社团管理、实践管理以及择业管理等诸多子系统所构建的系统，这些子系统之间虽具有独立性，但仍需相互配合和依赖，而且互相影响和制约。按照系统理论，若每个子系统均正常运行，那么，全局效能将会十分出色。即便部分子系统效能欠佳，只要其能与其他子系统形成良好的整体结构，通常也能取得相对理想的效果，这就是整体优于部分之和的观点。其次，各要素密切相关。大学生教育管理的各项元素虽有区分，却又联动、互动、互依，并各具职能。例如，社团管理与实践管理虽职责各异，但尤为关联，常常我中有你，你中有我。再次，环境适应性强。特定环境将造就出特殊的管理方式，大学生教育管理不可能脱离特定环境，比如，专业知识的学习、实践技能的培养和品质养成等，这些都需在特定环境中进行，脱离了特定环境是无法实现的。只有具备了环境的适应性，才能适应环境，有效利用环境提供的有利条件，才能取得丰硕的成果。最后，动态平衡性。所有学生管理系统的组成部分都应随着社会进步做出适应性调整，同时在时间、空间和资源的配置上保持对宏观环境的敏感性。比如，在当前的经济环境下，社会对于大学毕业生的素质和技能提出了新的标准。不仅需要他们迅速地适应工作，学习力也要强，富有创新思维，这些已成为众多雇主共同的诉求。这就需要我们调整学生管理工作，摒弃过度注重知识灌输、轻视能力培养的传统教育方式，做到知识教育和能力培养并重，增加社会实践机会，满足社会需求。同时，也需保持系统内的动态平衡，确保各部分在各环节都有适当的比例，避免系统内部的失衡影响整体运行。作为一个多目标系统，大学生教育管理系统不仅有总目标，还有子目标，这些目标应融为一体形成一个目标体系，通过不断优化这个体系，实现资源的优化利用。例如，既要充分利用校内资源，同时也要努力争取外部资源，推进学生管理工作的发展，为学生提供更大的发展空间。

实时系统管理，需要重点关注以下六个环节。

（1）构建一个多元化立体性的大学生教育管理架构，以追求最优的结果和最大的效力。该架构应涵盖一种符合大学生学习和成长特点、有利于其发展的管理方式，一种大学生教育管理的组织构造，一套规范化的操作流程，一套科学而全面的大学生教育管理制度，以及一套已被证实为有效的管理操作方法等。

（2）确切地理解和掌握体系中每个过程的依赖性关联。在一个系统里，所有过程都是紧密相连的，经常会出现牵一发而动全身的情况。因此，身为大学生教育管理者，应在学生工作管理过程中努力做到全面考虑，确保体系中每个过程之间能够互相协作、互相配合，期待产生 1+1>2 的效果。

（3）所有部门和员工都需要清楚地理解并认识到，为了实现共同目标，他们应尽的职责和承担的责任。作为同一个体系中的不同层级和部门的管理人员，他们要各负其责，各尽其职，这样才能避免因职能重叠所带来的掣肘，顺利实现大学生教育管理目标。

（4）掌握高等教育学生管理的每一个过程，决策者需要对各管理部门的组织能力做出精准的评估，在实行具体措施前清楚认识到资源的局限性。这样有利于有效避免因决策失误或预先思考不足而对人力、物力和财力的浪费。

（5）制定目标，据此制订计划，设计方案，确定如何有力地在本体系中执行一些特定任务，以便能够圆满完成。

（6）通过评价和测量，提升系统的性能。研究制定以及完善评价和测量的规章制度和方法，寻求构建评估系统的途径，加强对评估标准体系和简化评估方法的研究，保证评价和检查的时效性，从而不断提高大学生教育管理质量和水平，大力推动大学生教育管理目标的实现。

第四节　高校教育管理的发展与创新

一、高校大学生教育管理的发展

（一）高校大学生教育管理的历史经验

关于大学生教育管理的实践，尤其是自改革开放以来的尝试，已经为大学生教育管理积累了基本经验。总的来说，主要涵盖以下五个方面。

1. 坚持遵循我国的教育方针，以确保大学生的教育管理朝正确的方向迸发

我国的教育方针反映了我国在特定的历史背景下为实现其基本路线和基本目标所制定的全局性的教育指导思想。这些思想描绘了我国教育的主要走向和培养目标，体现了党对教育的坚强领导，坚持教育服务于社会主义现代化，服务于公众，与生产力相结合，培养德、智、体、美全面发展的合格的社会主义建设者和接班人。高校开展的每一项工作，都应紧密关联国家教育方针。大学生教育管理作为一种管理手段，就是为我国的教育方针服务的，是为培育德智体美全面发展的社会主义建设者和接班人服务的。实践证明，一旦大学生教育管理偏离国家教育方针，就会趋向错误，脱离正常运行轨道，引发管理工作的混乱和校园秩序的失控。因此，大学生教育管理工作必须紧紧围绕我国教育总方向和培养目标，全力贯彻国家教育方针，为培养社会主义建设者和接班人服务。

2. 依照教育规律实行科学管理

管理本质上是一种科学，大学生教育管理只是这个科学管理的一个分支，需要遵循一般的管理规律，最大化发挥教育功效。大学生教育管理的责任与一般的管理职责不同，其目标群体是特定情况的大学生。自改革开放以来，我国经济飞速发展，社会结构发生了深层次改变，重新划定了利益关系和利益架构，这对人们的观念造成一定的冲击。在新时代背景下，大学生群体整体上树立了自我提升、创新、成功和创业的理念。不过，部分学生中也出现了政治理念的困惑、理想信念的模糊、价值方向的偏差、诚信意识的淡漠、社会责任意识的缺乏和吃苦耐劳精神的消减等问题。因此，高校在开展大学生教育管理时，必须依据时代特征，考虑大学生的实际情况，遵从教育规律，探索进行大学生教育管理的科学方法，加强大学生教育管理的科学性，以便实现科学有效的管理，也包括对人才的培养和教育。引领大学生树立正确的世界观、人生观和价值观，使大学生教育管

理既适应大学生的实际情况,又符合国家人才培养的需求。

3.提高学生管理水平,依法管理,依法建章立制

这是贯彻依法治国、人才强国战略的必然要求。随着高等教育规模的扩大和教育质量的提高,从精英教育阶段转变为全民教育阶段,学校教育管理开始受到社会各方的密切关注。同时,由于大学生的法律意识不断增强,学生权益保护活动变得更为活跃,客观上需要高校在教育管理中严格遵守法律,积极推进管理制度的改革,完善管理机制,明确管理流程,并在涉及学生利益的管理活动中切实保障学生的合法权益。因此,必须根据学校本身的教育层次、特性和类型持续创新其管理制度,使其更为科学和规范。在完善学生管理制度的基础上,不断提高管理水平,增强管理能力,以实现依法管理。

4.积极促进教育与管理的深度结合,形成全面参与与协调管理的长效机制

在高校环境中,学生教育管理的范围涵盖了学生在校期间的所有学习和生活环节。无论是对学生的学籍管理、课外活动管理,还是对大学生组织的管理、安全管理,包括教学管理、科研管理和行政管理等,各部门和机构都应积极承担管理学生的责任。因此,从事大学生教育管理工作时,必须始终坚持教育与管理相结合的原则,并鼓励各部门和机构互相协作,推动教学与管理部门的密切协作。需要纠正过去仅把大学生教育管理视为学生管理部门的任务,或者误认为只有辅导员和班主任应负责学生管理的错误观念,而应建立全面参与与共同管理的长效机制。在达成这一目标的过程中,应明确各部门的权力和责任,确保分工明确。只有这样,才能创建整体协作的工作模式,建立全面参与和协同管理的长效机制。此外,建立这种长效机制也需要对组织体系和团队进行构建,比如,有的高校已经建立了定期的学校各部门联席会议制度或学生工作领导小组,他们保障了各部门之间的有效配合和功能的充分发挥,并提高了大学生教育管理工作的专业性和实效性。

5.使用现代科技推进管理模式创新

随着时代的不断发展,科技也呈现出持续上升的势头,这为大学生教育管理带来了崭新的挑战。因此,针对大学生教育管理的需求,必须积极寻求新的管理模式和策略,以适应新的环境和要求。使用现代科技(包括信息技术、计算机网络技术、测量技术、咨询技术等)已成为推进管理模式创新的主要工具。在处理大学生教育管理工作时,需要充分利用这些先进的科学技术。一方面,需要尽量实现办公自动化,加强网络技术等现代技术的应用,使其深入教育管理中;另一方面,在充分利用现代科技的同时,也需要不断地开发出更适合大学生教育管理的应用平台。这样,才能建立大学生信息管理系统等现代化办公服务体系。通过科技创新推动管理方式和方法的创新,以应对不同阶段的新挑战和新需求。

（二）当代高校大学生教育管理的新情况

1. 管理环境的新变化

（1）高等教育管理应对能力与全球及国内环境变化息息相关。首先，随着全球化的持续推进，我国在政治、经济、文化、教育等多个领域的国际交流和合作日益频繁，从而加快我国高等教育国际化的步伐。在此过程中，西方敌对势力的"西化"分化的影响防不胜防，因此，大学生成为主要的被影响者，我们不得不应对西方文化思想和价值取向的挑战。同时，管理大学生的工作需在尊重我国高等教育特点的前提下，学习海外先进的管理方法。改革开放以后，我国社会发生了巨大变革。大学生是改革开放的最大受益者，但也须面对由此引发的诸多矛盾和冲击。高等教育正从精英教育向大众教育转变，现在各年龄段、教育程度、社会经验和价值观念不同的人都有机会进入高校，在大学生管理中表现出多元化的特点，大学生教育管理会因此发生新的变化。因为高等教育法治化进程不断深入，公平观念被普遍接纳，个人的维权观念也在提升，如今的大学生不再只是简单地接受学校的管理，他们也需要在学校享有更多的自由和保护他们权益的制度，维权意识越发强烈。在新时代背景下，高校要在学生管理工作中实现"严格管理"与"人本主义"的有效融合。鉴于这个前提，高校学生教育管理的改革进程应紧随社会进步和形势的动态变化，继续扩大学生管理工作的覆盖范围，使管理方式和手段能充分反映当前时代的特征。

（2）高校办学模式的改变导致教育管理环境越来越复杂。首先，高等教育的扩展及高校后勤服务社会化，使原本的单一校区变成了人数众多的多校区运行模式，校园的边界也变得模糊，有些地方甚至建立了大学城。这引发了大学生生活社区化、成长环境社会化的新问题，学生们更倾向于融入社区参与其活动。这使以往固定式的教育管理方式转为流动式的管理，对学生的安全管理也产生了特殊的挑战，高校教育管理的难度因此增加。其次，随着学分制和弹性学制的实施和标准化操作，教学管理模式发生变动，学生们对班级的关注度逐渐降低，他们可以自主选择专业、课程和学习时间，这形成了一个以课程为纽带的多变的听课群。这导致学生管理对象的多样化，不仅包括本专业的学生，还包括因选修课程而跨专业或跨校区的学生，管理对象的复杂性也随之提高。最后，由于依赖一体化的教育计划，以学年和班级作为评价标准的学生评价体系难以实施，这会导致原有的学生激励机制失效。目前，依托班级和党团构成的大学生群体管理模式已无法适应这种新变化，基层管理机构的功能也随之被弱化。

（3）强化对大学生的就业、资助和心理的关注，彰显高校教育管理环境变化的现实性。随着就业高峰的到来，找工作难已经引发社会广泛关注，也成为每位大学生最关注的实际问题。在日趋严峻的就业形势下，大学生对于国家的就业政策和市场规律的适应力明显不足，学生在就业观念和诚实原则上也有不同程度的偏差。学生对于学校提供的就业市场分析、职业咨询、职业规划，以及就业援助等有强烈需求，然而，并非所有的高校就业管理都能有效地满足这些需求。因此，高校的就业管理工作需要根据学生的实际需求进行持续改进和深化，为学生的成功就业做好充分准备。在资助管理方面，虽然我国经济快速发展，人民生活水平亦有显著提高，但在大学生中仍有不少经济困难者，高校有责任确保没有任何一名学生因经济困难而放弃读书。传统的资助管理方式仅仅在解决学生的经济困难方面提供帮助，导致部分经济困难的学生面临情绪压力过大、失去上进心等问题。因此，新时期的学生资助管理工作不仅要满足学生的物质需求，更要满足他们的精神需求。这使资助管理工作的内容大大扩充，难度也越来越大。由于一些大学生出现了不同程度的心理问题，影响了他们的健康发展和日常生活学习，心理辅导和调节因此得到了大学生的认可。然而，受到社会环境和生活环境的影响，学生的心理特点和心理问题呈现出鲜明的时代特征，不断涌现新的心理问题，伴随更多的发展性心理问题，这就需要高校始终关注学生的思想和行为，根据学生的特点，真诚有效地解决他们的心理问题。需要注意的是，现在不只有经济困难、就业困难和心理问题的学生的单一问题，还有在经济、就业和心理等方面都有困难的学生，这也使学生管理充满了矛盾，并使学生管理工作的难度大幅上升。

（4）互联网的兴起给高等院校带来了更多的教育管理难题。持续的信息技术创新，特别是互联网的快速发展，引发了社会生产和生活模式的重大转变。一方面，互联网已经变成大学生获取知识的主要渠道，他们不只是互联网信息内容的提供者，同时也是使用者。海量的在线信息对于他们更新思想、扩大视野产生重要影响，从而激发他们的学习热情、创新精神和竞争意识，塑造全新的文化意识和精神风貌。另一方面，网络也给大学生的教育管理带来了一些负面因素。网络信息的开放性、快捷性和丰富性，会引起大学生对知识权威性的质疑。网络的虚拟性和隐秘性，为有害信息提供了良好的生存环境，并且容易传播。一些大学生因此深陷网络虚拟世界，无法辨别真假信息并被骗，甚至卷入网络犯罪。因此，对于教育管理者来说，互联网既是有利的工具，也是无法回避的难题，给学生管理带来了新的挑战。管理者需要运用网络化思维，针对网络环境改善对学生的正向管理，尽力减小网络对学生的负面影响。

2. 管理对象的新特点

根据《中共中央　国务院关于进一步加强和改进大学生思想政治教育的意见》的全面阐释，当下的大学生整体思想较为活跃且求上进。但是，在推进社会主义市场经济和进行国际交流的情况下，在各类思想冲突的环境中，大学生独立、多元、变化丰富且差异性的思考模式明显增多，受多种思想影响的程度显著提高。个别大学生存在政治信仰迷茫、理想信念模糊、价值观念扭曲、诚信认识淡薄、社会责任缺乏、上进心消失、合作精神不足、心理状态差等问题。

（1）学生群体多样化。大学生身上反映出的独特性，这或许源自他们各自的梦想、学识、生活土壤以及付出的努力程度。例如党员学生，他们在当代高校中是出类拔萃的群体，他们代表着年轻人的正向发展，潜移默化地影响其他学生，他们是党和大学生联系最紧密的纽带。他们有坚如磐石的理想信念、高屋建瓴的政治理念、积极向上的政治态度，他们的价值观和人生观都积极向上，他们对国家和人民充满热爱，关注国家大事，实践着社会主义道德规范；他们有责任感、团队精神、强烈的自我管理和助人意识。然而，也有少数党员学生存在理论学习不足、偏向功利主义等问题。在学习成绩优秀的学生群体中，他们行事目标明确，求知欲强，观察力突出；他们坚持真理，愿意接受批评；珍惜时间，注重效率；他们具有良好的学习态度，能遵守学校规章制度和社会公序。然而，部分学霸在集体活动中的热情不足，集体荣誉意识较低。对于学习成绩较差的学生，他们理想信念模糊，缺乏社会责任感，价值观有所偏差，过分依赖他人，对于规则缺少敬畏之心，行为随意。至于经济条件较差的学生群体，他们的特征呈现多样化。他们通常拥有很强的积极性以及坚韧不拔的精神，主张自我提升，富有慈善精神，愿意帮助他人。然而，有些学生太过敏感，精神压力大，会出现各种程度的心理问题。

（2）不同学年学生性格因素各不相同。以本科生为例，刚入大一的学生在成功进入大学之后产生不同程度的自豪感和优越感，他们对将来的大学生活充满期待，自我认同度相对较高，但却在心理适应方面表现得稍微薄弱，他们积极地参与各类集体活动，期待尽早完成角色转变，习惯大学生活。然而，部分同学在适应大学生活方面确实遇到了困扰，如丧失学习方向、人际关系处理不当、缺乏财务和生活经验等。对于大二的学生来说，他们的学习目标逐渐明确，人生理想越发接地气和现实化，他们更有主观能动性，学习兴趣更加浓厚，对自我认知更为客观。然而，部分学生开始受到情绪、人际关系、学习、生活、情感等方面的干扰，出现不同程度的心理问题。大三学生的人生目标变得越发现实，学生群体开始发生研究生保送、研究生入学考试、就业、留学等方向的群体分化，各有所得。在即将保研的学生中，他们更积极地投入学习中，并更加关注与保研有关的信息。准备考研的学生表现出一种"三点一线"的专注学习的态度，他们参与集体活动的意愿有所减弱。正在筹备就业的同学开始积极准备就业的基本条件，考取各项证书成了一种风尚，他们开始密切关注学校和自己专业的就业资讯。进入大四阶段，大多数学生会陷入一种焦虑的情绪中。大四上学期，多数学生都忙于各种事务,而那些打算考研或者寻找工作的学生压力日渐增大,他们会不同程度地表现出焦虑和急躁的情绪。大四下学期,大部分学生都会有所松懈,除了那些还在找工作的学生外。他们的学习和生活开始显露出比较散漫的状态,空闲时间也渐渐多了起来,社交活动变得越来越频繁。随着毕业日期的临近,聚会的活动越来越多,这也引发了更多安全隐患,因此对于毕业生的教育管理工作相应地增加了许多。

3. 管理任务的新要求

(1) 高校管理工作坚持"育人为本,德育为先"这一原则,解决学生遇到的问题是其基本要求。大学生是有潜力的人才,他们代表着国家的未来和希望。"如何教育以及教育什么样的人"已然成为高等教育管理的重点。高校必须以培养人才为首要任务,坚持"高校教育,育人为本,德智体美,德育为先"的原则,既注重整体教育,又主张服务和管理学生,理论与实际相结合,因地制宜,根据生活和学习现状以确保解决学生现有问题。辅导员的责任与教育管理工作的主要任务体现在以下五个方面:一是开展良好的学生思想教育和服务工作,增强管理学生团体的能力;二是严格遵守大学生思想教育规定,结合传统与创新开展工作,推动学生的全面发展;三是为了提高工作能力和水平,需主动深入学习并精通与大学生思想教育相关的知识和技巧;四是进行相关研究,根据工作对象和工作环境的变化,及时调整工作策略和方式;五是充分利用各种新的工作工具,如互联网等现代科技,积极创新工作方式,努力使工作更具针对性和有效性,并增强工作的吸引力和影响力。

(2) 高等教育学生的管理工作包括综合运营、专业化发展、信息技术加持以及法律层面的保障。首先,传统的学生管理模式已不足以应对高校教育管理中所面临的越变越新、越来越复杂、越来越现实并富有挑战性的情境。这就要求高校从教育、管理、咨询及服务等多方面去扩展传统学生管理,把学生教育管理的基本任务定为对群体组织、行为、安全、资助、就业以及管理评估等各方面的管理。同时,各个管理部门必须协同合作、产生协同效应,并实现一体化的学生管理。其次,随着大学生教育管理环境的变化和管理细节的多元化,以及管理对象要求的持续提升,大学生管理必须走向细致化、包容化,以保证学生管理的效率和效果。再次,随着人本主义管理思想的推广和现代大学生个性化需求的凸显,大学生教育管理工作必须提供个性化服务。通过为学生提供精准化的管理,促进每一个大学生成长成才。最后,因为网络给学生管理带来新的挑战,网络已经成为学生教育管理的一个新的重要领域。高校在管理学生方面,必须利用互联网加强对学生的教育、管理和服务,以线上线下的联动效应提升其教育管理的质效。同时,需要积极运用现代网络技术,构建完备的数字化和网络化学生管理体系,切实提高工作效率,为学生提供更优质的服务。近年来,随着司法部门的介入,学校的教育管理越来越重视法治化,学生控告学校的事件日益增多,这标志着法治化成为当前高校学生管理的迫切需求,也意味着学生管理必须严格遵循国家法律,对有明文规定的情况要严格遵守法律规定,即使对没有明确规定的情况,也要符合法律的基本规范。在制定学生管理规则的过程中,高校应深度研究国家和地方的相关法规,认真考虑学生的建议,避免规章制度和法律法规相冲突,以提升制度的科学性。只有这样,学生管理的权威性才能得到增强,进而维护学校的正常运作秩序。

二、高校大学生教育管理的创新

(一)高校大学生教育管理创新的路径

在新时代背景下,创新大学生教育管理的方式需要依靠三个途径:激励学生进行自我管理,研究网络化信息管理,加大对管理团队建设的力度。

(1)始终把学生的需求放在首位,倡导让学生自我管理,推动大学教育管理的创新。没有管理的教育以及失去教育目标的管理都是无效的。教育需要得到良好的管理,而管理的目的也是更好地教育。这是人本主义大学管理工作的创新观点。由于存在大学生教育管理和人才培养之间的密切联系,大学生教育管理的创新策略应与常规的管理手法有所区别,这就需要采用更先进的管理思想来进行指导。理念揭示了事物的深刻性质和规律,教育理念就是对教育基本问题本质和规律的深度理解,具有理想的、持久的、综合的和范式的特征。现代高等教育管理理念需要与科学发展的价值观相符,追求人本主义的管理。人本管理的核心是尊重学生的发展特点和规律,尊重他们的个性,为学生的思想政治教育创造良好的环境,构建和谐的师生关系,培养全面发展、具有独特优势的创新人才。关键在于正确引领学生的主体性,尊重他们的学习需要,确保具有教育内涵的思想政治教育活动得以实施,因材施教,挖掘学生的潜能,引发他们积极向上的内在动力。大学生教育管理的目的并非管理、限制或控制他们,而是创造条件来培养他们,通过有效的培养来推动他们的发展。这种模式下,学生既是管理者,也是被管理者。在身份转换过程中,他们的自我约束和自我管理的能力得到了显著提升,他们在学习知识的同时也在锻炼个人能力,既"掌握了知识本领",又"学会了为人处世",以此来培养学生的主体意识和责任意识。

(2)利用网络技术进行数字化管理,推动高校管理的创新发展。在不断创新管理模式、方法和手段过程中,着重使用网络技术进行数字化管理,发挥现代科学技术应对高等教育管理在不同时期涌现的新问题和新动向的作用,创建管理平台,集成管理资源,实现网络化、电子化的管理。通过网络技术,实现数字化管理，能够将管理方式从封闭型转为开放型，管理与思想政治教育相结合，与学分制等学校管理制度相协调，以及与社会管理相结合。通过网络技术实现数字化管理，也是推动高等教育管理从单方面管理转为综合管理，将管理与服务紧密结合，通过服务推进有效的管理。在创新管理方法上，发挥网络互动平台的功能，实现教师与学生之间的有效互动，从讲说教式教育转为参与式教育，从灌输式学习转为交流式学习，从命令式控制转为启发式引导，创造学生积极参与的全新工作氛围。同时，创新管理手段，利用网络数字化推动实行法治化的规范管理，建立合理的程序机制。

（3）强化团队的管理机制，推动大学生教育管理创新。提升学生管理团队的素质是确保管理工作顺利开展的主要因素。随着新时期社会情况的变化，大学生的教育管理工作也发生了许多变革。学生工作的一部分功能有所减弱，另一部分功能需要加强。学生工作已经从过去的以管理为主，转为以教育、咨询和服务为主。心理健康教育、学生资助、学生助学贷款以及就业指导等学生工作的职能需要在适应当前需求的情况下予以强化。另外，大学生的思想问题和实际问题变得更加复杂和多元，这需要管理团队利用智慧、知识和才能来形成专业化的能力。因此，从大学生教育管理的发展趋势来看，学生管理工作团队必须坚持走专业化道路。在当前大学生教育管理工作的实践中，尽管团队在政治素养、职业精神和个人品行上是扎实的，但是在解决现实问题的能力和技巧上仍然有一定不足，这在一定程度上反映出"能力恐慌"。某些管理人员以保守的视角和思维来看待学生，他们无法理解，也无法感受到当前学生与过去截然不同的内心世界和真实想法，乃至难以在交流上与学生产生共鸣，因此产生了代际冲突和隔阂。尽管一部分管理人员极具热忱，却在基础培训和专业知识的掌握上亟待提升，与学生在获取信息和熟练度上相比还有不足，这使他们无法对学生进行有效的引领和指导。可见，"能力恐慌"的焦虑感会妨碍他们与学生的沟通，进而无法解决学生面临的具体问题和思想疑惑。因此，高校需要专门的人员来负责学生管理的职能，以专业的方法应对现代学生管理的主要任务，并促进团队技能的专业化。以超越常规的招聘方式来聘选人才，从更高的起点集结优秀人才，兼容并包，广开贤士之门，以此培养出一支数量充足、质素上乘、熟练高效、能力超强的专业化学生管理团队。

（二）高校大学生教育管理创新的内容

1.高度重视其育人功能

大学生教育管理绝不仅是为了管理和控制，其真正的目标应是支持国家的人才发展计划。也就是说，学校管理目标是培养出能适应国家需求的全面发展的优秀人才，管理的核心是培育人才。因此，在对高校教育管理进行创新的过程中，

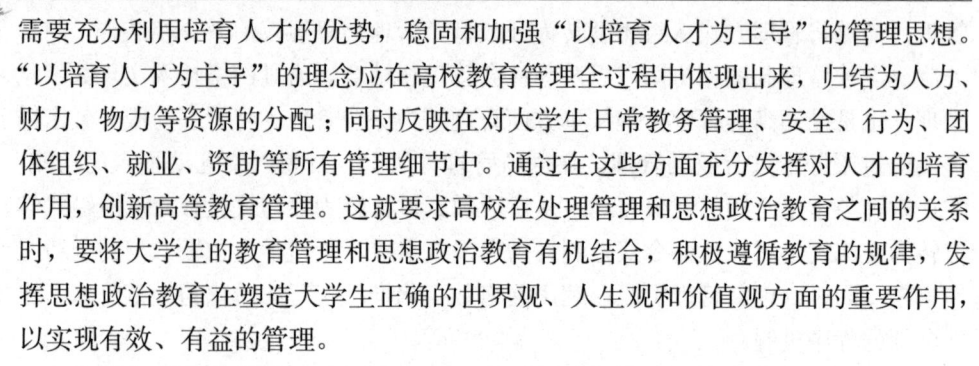

需要充分利用培育人才的优势，稳固和加强"以培育人才为主导"的管理思想。"以培育人才为主导"的理念应在高校教育管理全过程中体现出来，归结为人力、财力、物力等资源的分配；同时反映在对大学生日常教务管理、安全、行为、团体组织、就业、资助等所有管理细节中。通过在这些方面充分发挥对人才的培育作用，创新高等教育管理。这就要求高校在处理管理和思想政治教育之间的关系时，要将大学生的教育管理和思想政治教育有机结合，积极遵循教育的规律，发挥思想政治教育在塑造大学生正确的世界观、人生观和价值观方面的重要作用，以实现有效、有益的管理。

2. 完备的规章制度

只有将具有创新性的大学生教育管理生成规章制度，长期坚持并不断完善，方能使管理效率不断提高。若想实现创新的教育目标，就应以科学和高效的规章制度为基础。在建立规章制度的过程中，除了国家制度层面的保障外，高校自身也应全力以赴地创新学生管理制度，尝试在学生管理工作中建立一套具有宽容性、执行力以及能激发创新的方法，以便为学生的管理工作进入创新阶段提供保证。这不仅涉及如何为完备的规章制度设定系统结构，更关键的是，在严格执行规章制度的基础上，通过尝试和实践，及时修正，积累工作经验。因此，高校学生管理应坚持依法治校、依法治教、尊重法律的原则，规范管理过程，使规章制度深植于管理中，保障管理的有序性、规则性和科学性，确保管理活动的合法性和效率性。

3. 对高校教育管理服务系统进行全面优化

大学生作为高校教育管理的核心，管理范围不仅包括他们的日常生活和学习，还包括他们的社会实践和职业发展等方面。随着社会的发展和需求的持续变化，大学生活动的范围、领域、内容和目标等各方面也不断发生新变化，影响他们的因素越来越复杂。因此，大学生教育管理不应只由管理者完成，也不是简单的事务性管理，而是应鼓励大学生主动参与，提供全方位的服务性管理。所以，高校需要强化服务系统在教育管理中的作用，并积极优化服务设施体系。一方面，需要进一步解放思想，深化对管理的理解，建立以服务为主的意识和观念，不断提升在高校教育管理中的服务水平，实现各部门的协同管理，以达成教育和服务的双重目标。另一方面，需要加大投资和研究力度，全面利用网络信息技术，建立教务、安保、就业等一体化服务平台，引导大学生积极参与管理，最终实现自我教育、自我管理和自我服务的目标。

第三章　高校学生教育工作管理

第一节　高校学生教育工作管理的内涵及特点

一、高校学生教育工作管理的内涵

高校的专注点在于大学生的学习生活管理和教育，通过对他们的日常行为进行规范、指导与服务，以促进学生的全面发展。我们可以把学生教育管理工作分为两种，一是广义的，二是狭义的。广义的学生教育管理工作通常被称为教育管理工作，涵盖了思想政治教育、日常事务管理、成绩评测和评估，以及在学生成长道路上的引导等。狭义的学生教育管理工作，也就是对学生的管理，焦点在于日常管理方面，如班级建设、奖励与惩罚机制、学生资助、安全教育、宿舍管理、生活服务和职业指导等，这些都是学生学习和生活的重要组成部分。

（一）对于理想信念和道德品质的养成教育

对个体而言，信仰和理想用来指导行为，而道德属性则作为行为准则。在管理大学生的过程中，领导者需重视校园文化的创建，为学生打造深具文化内涵的优雅校园环境。通过校园文化的感染和熏陶，培养学生健康的舆论环境，同时，通过各种文化活动的举办，强化思想教育的效果。

（二）依法治校，维护学生的合法权益

实行法治教育，便是在高校的日常运营中，需确定学校和学生的权益及责任，充分地保护学生的合法权益，借助法律和学校的各项规章制度，对学生实施奖励、资助、惩处等。在处理学生被处分等可能影响学生权益的问题时，需严格遵守公正的程序，规范操作过程，确保学生的合法权益不受侵害。

（三）学籍管理和学习指导

随着教育体系改革的不断深入和弹性学习、学分学制的实施，高校具备了提供跨校区、跨专业选课,以及结合主修与辅修课程的条件,这些都是利于学生成长的管理办法。教育管理者能够通过创造良好的学习风气,打造一个正向的学习氛围。在学生进行自主学习的过程中,管理者有责任给予全方位的、激励性的指引和支持,以帮助学生形成自我教育的习惯和持续学习的理念。

（四）就业指导和就业服务

就业指导和帮助是学生教育管理的重要组成部分。鉴于当前就业形势的严峻,高校应组建专门的职业发展指导机构,该机构需由学校高层领导承担管理职责。职业发展指导机构必须完成学生的职业生涯规划导向、聚集就业信息、创建实习基地,指导新毕业的学生就业及其职业规划等任务。

（五）勤工俭学和贫困生资助

学生的经济资助,包括贫困生资助和提供勤工俭学的机会,都是学生教育工作管理的重要组成部分。针对学生的实际需求和高校的规定,学生教育工作管理部门应启动助学贷款的"快速通道",尽量增加勤工俭学的职位,并做好领发国家奖学金、助学金和针对贫困生的内部资助工作。另外,针对学生群体中可能出现的突发情况,高校应制订紧急应对计划和临时经济资助政策,对于遭受重大家庭变故的学生,应及时给予特殊帮助。

（六）生活服务和心理健康教育

在高等教育的实施过程中,并不仅限于学术性学习层面,同样需要在日常教育和管理中全面贯彻育人为本的教育原则。各个负责学生教育和管理的部门需要与学校其他服务部门紧密结合,一方面为学生提供基本的生活需求,另一方面着重引导学生养成良好的生活习惯。高校心理咨询中心需借助各种可能的手段和多样的方法,全面开展心理健康教育和心理咨询活动,以加强对学生的心理疏导。学生教育工作管理者有必要构建一个高效的信息网络,以便将思想政治教育和心理健康教育相结合,从而提升学生教育和管理工作效率。

（七）校园秩序与课外活动

高校需要给学生们营造一个健康且和谐的学习和生活环境。教育工作者需主动指导学生,使他们遵守学校的管理规定,并加强自身的道德修养,维护校园秩序。此外,学校也应当激励学生团体开展有助于大学生心理和身体健康的活动,并对这些活动进行必要的监督和引导,以确保学生活动的合法性和科学性。通过参与各种团体活动,大学生的人际关系和社会适应性等能得到提高,这对他们的全面发展是有益的。

二、高校学生教育工作管理的特点

大学生具有独特且敏感的思考模式，展现出他们的个性化特点。因此，在大学生教育体系中，基于大学生的身心发展特征，有目标有计划地开展工作，是确保教育工作顺利进行的前提。尽管每位学生的成长背景和学习环境各不相同，但普遍存在如下特征：他们有理想，却受制于与现实的落差；他们能分清是非，但自律能力相对较弱；他们倾向于实用主义，关心自身的利益；他们主张个人主义，保持较强的自我格局；他们期盼独立，但依赖性较强，急切希望投入社会却无法做到经济自立；他们对新事物适应性强，但心理承受力较弱。在进行学生教育工作管理时，如何适应学生的特点、满足他们的需求，是保证教育效果的关键环节。只有适应他们的发展特性，运用专业性和可操作性的管理方式，才能推动大学生教育管理工作目标的顺利实现。高校学生教育工作管理有以下特点。

（一）教育性

培养高质量且全方位发展的专业人才，为社会主义现代化建设做出贡献，是高等教育学生管理的首要任务。那些负责学生教育的管理人员，应该采用教育和指导的方法，提升学生的科学知识和文化素养，塑造他们的良好品质和风采，保证他们政治立场的正确，以及帮助他们树立高尚的理想和信念。总的来说，通过教育和指导，可以有效地实现高等教育管理的目标。

（二）开放性

高校学生的教育工作管理具有开放性，这种日常管理可以通过各种途径和方法实施。不仅可以通过教学环节进行，还可以通过举办校园文化活动进行日常管理，以及通过学校教育、社区教育、家庭教育等多种途径进行。高校学生教育管理者要善于整合各类资源，具备良好的协调和整合能力，以推进学生教育工作管理的顺利进行。

（三）持续性

高校学生教育工作管理系统是一项复杂的工程。在完成各项具体任务时，都应以大学生教育管理的总目标为指引，并通过其体现学生教育工作管理的成效，以此推动大学生的全面发展。高等院校的学生教育管理应构建持久的工作体系，将校园教育、社区教育和家庭教育三者融为一体。此外，通过对外部的制度管理和学生的内部约束，配合思想政治教育，能进一步提高学生教育工作管理的成效和系统性。

(四)实践性

提高学生解决实际问题的能力是高等教育培养适合社会需求和适应时代进步的高级知识人才的宗旨。随着社会形势的不断发展,学生教育工作的管理方式应有所变化。新型的管理技巧和工具的运用不能仅停留在理论层面,而要在现实工作中实施,以达到理论指导实践的目的。只有保持实践导向的学生教育工作管理,才能更好地适应不断变化的社会环境。

第二节 高校学生教育工作管理的目标及原则

一、高校学生教育工作管理的目标

高校教育管理的目标在于培养能满足社会发展需求的高素质人才,主要侧重于提升学生的综合素质。具体来说,就是对大学生的思想政治素质、科学文化素质、身心素质以及创新素质等进行提升。

(一)思想政治素质

我们期待大学生具备正确的政治观念和坚定的理想信念,同时提升他们的道德修养。积极配合党的行动,深入学习党的理论和主要思想,同时积极推行党的路线、方针和政策,坚定正确的政治方向。

(二)科学文化素质

大学生在高校中,需要构建强大的理论框架和广博的知识储备。为了提高科学文化素质,大学生需要勤奋地探索科学知识,掌握正确的学习方法,培养良好的学习习惯,并学习如何将理论应用于实践,这样可以全面提高他们的综合素质。同时,他们也需要树立终身学习的观念,要经常反思实践中的不足,并通过学习来改正这些不足。

(三)身心素质

大学生有必要保持强健的身体和良好的心理状态。参与体育锻炼和各种娱乐活动可以增强体质,促进身体健康;通过自我约束、自我引导和自我提升,来塑造良好的人格特征;积极参与社会活动,形成出色的品格素质和环境适应能力,成就健康的身心状态,更好地为现代化建设贡献力量。

（四）创新素质

科学思维和实践能力是大学生应有的素质。他们通过学习获取理论知识，并利用科学的分析方式，来全方位、客观地了解和辨识事物。他们应拥有较强的创新和实践素质，敢于在不断变化的环境中创新并持续超越自我，除了增强他们的创新实践能力，还需提升他们的综合素养。

二、高校学生教育工作管理的原则

为了提高学生教育工作管理水平，实现有效管理，学生教育工作管理者在日常管理中应该遵循以下原则。

（一）实际性原则

大学生教育管理工作必须对照实际环境来进行，既要充分考虑到学校的实际需求，同时也不能忽视学生的实际情况。通过对校园及学生的实际情况的深入了解，建立健全组织架构，明确各组织的角色和职责以及学生管理的目标，同时研究适合本校现状的学生管理模式。

从实际出发进行学生管理，有利于有针对性地开展学生教育工作。

（二）制度化原则

学生教育工作的领导者必须依照国家法律，从高校实际情况出发，出台各种规章制度以便更好地进行学生管理。制度的存在是正规化管理以及提高管理效率的必由之路。唯有依赖制度化的管理，高校学生的教育工作管理才有章可循，进而实现学生教育工作管理的科学性、有效性。

（三）服务性原则

高校学生教育工作管理必须坚持以培养人才为目标的原则，并始终以服务学生为基础和目的。

坚持以服务为主导的原则进行日常学生管理，要立足于学生的基本利益和实际需求，将学生视为学生教育工作的核心，所有工作都围绕学生开展。

第三节 高校学生教育工作管理取得的成绩

所有高校的最重要任务就是培养德智体美劳全面发展的社会主义事业的建设者和接班人。学生教育工作管理在高校教育环节起着举足轻重的作用，此外，对于适应21世纪社会经济转变培养全面发展的大学生产生深远影响。几十年来，各种类型的高校都重视学生的教学和指导，并投入了必要的人力、物力和财力。

学生教育工作管理者认真贯彻党的教育方针，他们愿意为达到学生培养目标作出大胆的尝试和不懈的努力，形成了一套高效的工作流程和方法。他们热爱学生、关心学生，尊重自己的职业，为学生的培养投入极大的努力和精力，为我国社会主义建设培养出众多的专业人才。尤其是近年来，负责学生教育和管理的团队不断对学生教育和管理的规范化和科学化进行研究和探讨，取得了明显进展。总的来说，主要体现在以下三个方面。

一、强化大学生思想政治教育，为他们成才提供精神动力

对于高校学生的教育来说，除了普通的课业学习、道德教育以及形势政策教育等外，有针对性和时效性的日常思想政治教育是不可或缺的辅助环节。高校教育管理关注学生的日常思想政治教育，倡导解放思想，更新观念，提高认识，坚定"全身心投入学生教育"的理念，强化服务能力和服务意识，积极为学生的发展和成长提供服务。一方面坚持教育、指导、激励和鞭策学生，另一方面尊重、理解、关心和帮助学生；对学生的学习和生活进行规范管理，并引导他们朝有道德、有纪律的方向发展；提升大学生的素质，促使他们养成良好的习惯。思想政治教育工作需要深入学生的心灵深处，使其被学生理解、接受，能够化解矛盾、解决问题、提高士气和激发热情，为大学生的成功提供精神支撑和舆论推动力。

对于大学生的思想和政治教育，一般采用群体、团队或者个别教学的方式，同时配以举办各种大型活动、会议、学习团体、评析活动等形式，根据学生思维特征的不同阶段，有针对性地进行思想和政治教育，以便引导他们全面提升自身素质。例如，通过设置各种奖项，如"三好学生"和"文明宿舍"等，以鼓励学生参与各种争先创优活动，激励他们刻苦学习、积极上进，全面追求在学业、道德、行为和体育等方面的提升，让他们成长为优秀的人才。同样，对于大学生的不当行为的惩罚不只是对他们自身健康成长产生重要影响，也会给其他学生带来严重后果。此外，新生军训能够使学生具备适应环境的能力，提升他们对国家安全的警惕性，保持坚定不移的决心和勇往直前的精神，在此过程中他们将形成文明、遵纪守法的行为方式。通过对专业的介绍，进行学习目的教育和理想教育，引发学生对学习的热诚，激发他们主动提升自我能力的积极性。校史校情教育则让学生了解和赓续学校的光辉历程、奋斗之路和优秀学风，为他们的未来学习和成长打下稳固的思想基础。通过各项毕业生教育，指导学生更好地平衡个人发展需求与社会需求之间的关系，引导他们树立正确的职业观。在引导学生深入剖析自身素质和社会需求之间差距的过程中，增强他们的忧患意识，进一步提升大学生的道德修养的自我意愿、主动性和积极性；运用竞争意识教育、挫折教育、创

业教育等手段，推动学生养成持续提升自身素质，保持永远向前、坚决不放弃的信念和行为习惯。

二、积极开展活动，构设全面提升大学生素质的平台

（一）积极安排社会活动，提高学生的社交适应能力

通过寒暑假参加社会实践活动是高等教育工作的常见环节。大学生在寒暑假期间参与的社会实践活动包罗万象，如参与环保研究、专业实践、公共服务、重返母校、勤工助学等。社会实践活动并无固定框架，也无须特定场所和对象，大都在一个开放的环境中，面临各种各样的变化，学生需独立应对并解决各类问题。社会实践更能激发学生的积极性，促使学生在实践中不断尝试，勇于创新。

另外，学生通过直接参与体验社会的活动，理解生活，目睹城乡的差异以及贫富的悬殊。在接触和对话民众的过程中，他们身处其中的独有体验，感受到教育与启迪，从而拓宽视野，深化对社会责任感和使命感的认知。同时，他们也清醒地发现自身的知识和技能的匮乏，更加实事求是地重新观察和估量自我，逐渐确定自我在社会中的角色，制订计划去思考个人的发展，持久地提升能力和素养，以适应社会进步的需求。

总之，通过社会实践，学生可以增强独立生活和适应环境的能力，提高应用知识和自我组织管理的水平，也有助于提升并扩展他们的专业技能，深化对国内外情况的了解，强化社会责任感。这同样能强化学生对社会服务的奉献精神，塑造他们吃苦耐劳的优良品德。大学生积极参加社会实践活动，能逐渐培育出坚持不懈、永不放弃的优良品质，培养实事求是的学习和生活态度，通过这一途径持续提升自我，完善自我。

（二）开展社团活动，为大学生提供一个开发潜能、释放自我的重要平台

大学生社团作为高校文化活动的主要元素，是用以丰富学生道德教育的有效方式，同时也是全面素质教育的重要载体，为整个高校创造了美丽的风景。这些社团是学生因为相同的兴趣和爱好，遵照法律与相关规定，自发形成的固定群体和专门活动的组织，可以简单地划分为思想政治、学术科技、文体娱乐、志愿者服务、创业或综合五大类别。社团活动种类繁多且富有趣味性，发挥了培养学生想象力、创造力、批判性思维以及与他人协作的作用。社团活动不仅使学生的高校生活更加丰富多彩，还为学生提供了课堂以外的学习机会，为学生的全面发展做出积极贡献，让他们能在活动中提升自己的能力、发挥特长、展示自己的才华，无疑是学生们挖掘潜能、展示个人魅力的大舞台。

（三）校园文化多元化，提高学生的人文艺术修养

文化涵养是个人素质的重要组成部分，包括对文学、哲学、音乐、美术等领域有所理解。创建校园文化是教学管理的重要环节。所谓的校园文化，实质上是各种活动的组织和实施，如新年晚会、歌唱大赛、合唱大赛、社团行动、科技文化节、学校辩论赛、讲座、舞会等。年轻人思想活跃，易于接受新的事物、观念、行为和生活模式，他们学习能力强，可塑性大。通过群体文化的影响和引导，构建一个健康的校园文化氛围，这对提高学生的素质大有裨益。通过举行丰富多彩、多种多样的文艺活动，如音乐节、芭蕾舞、话剧等，并采用高雅的艺术形式，从而有力地提升学生的艺术修养和审美品位。

（四）安排课外学术科技活动，培养学生的创新能力

大学生在课余时间的学术科技活动涵盖三大主题：科技学习、科技创新和科技的实际运用。这种模式的逐渐形成是与"科学技术是第一生产力"这一观点在社会中逐步获得接受并在经济社会发展中确立主导地位息息相关的。因此，高校的学生教育管理团队必须给予高度关注，不断完善其组织结构，制定有效的管理模式。并且，应当建立奖励评比机制，在校园中营造学术氛围，同时积极采取措施推动这种活动的持续发展和深化。

课外科技创新活动，激发了大学生的学习热情和创新思维，这使他们有机会从学校进入社会，从接受教育和知识传承的角色，逐步转变为社会财富的创造者。这打破了教室内外的界限，使学生形成终身学习的理念。

三、加强学生教育工作管理队伍建设，提高推进素质教育的能力和水平

辅导员是个体参与学生思想政治教育的重要角色，他们是组织和指导这项活动的前线负责人，同时也是频繁与学生互动的教师群体中的一员。拥有高质量辅导员对国家的平稳及繁荣、学校的生存及进步和学生的健康发展都是有益的。选拔那些政治素质过硬、业务能力强、思想品质高尚、综合能力出众，对辅导员工作满怀热忱的优秀毕业生党员加入辅导员团队，加强辅导员管理，以提升团队整体素养。从发展方向来看，我国大学生教育管理工作开始侧重教育性和发展性，在强调道德教育传统的同时，"以人为本"的管理哲学已经基本被接受。管控体系日益完善，管理干部队伍的能力层级日渐提升，一部分高校学生管理干部中硕士毕业生占据一定份额，部分学校甚至为博士毕业生设立专职书记岗位。

第四节 高校学生教育工作管理面临的问题及其成因

一、高校学生教育工作管理面临的问题

高校是塑造未来人才的重要场所，学生教育的管理方式直接决定了人才培养的质量，进而对高校和社会稳定性产生影响。因此，各高校都高度重视学生教育工作管理，并结合新情况，进行积极有意义的研究与实践探索，已经取得了丰硕成果，然而仍有很多挑战和问题需要面对和解决。

（一）随着社会主义市场经济的深度发展，学生教育工作管理面临着严峻的挑战

随着改革开放的不断深入，人民的生活水平有了明显提高，人们对接受高等教育的热望日渐高涨。为了适应改革开放的大背景，以及回应行业对专业人才的需求，党中央、国务院适时拟定了高校增容的决策，导致大学新生的入学人数每年持续攀升，校园内的学生数量也在稳步扩增。这一大规模扩张与学生人数的巨幅增长，促使我国高等教育逐步从精英教育走向大众教育。然而，学生素质的下降是不容回避的，学费支付也使得经济困难的学生比例上升。高考年龄限制的取消、采用学分制和弹性学制，再加上后勤社会化的改革，都对学生教育工作管理提出了重大挑战。因为许多高校对这一形势没有做好预估，结果引发了不少问题，比如学生宿舍建设的滞后、开学日期的推迟、食堂容量小、学生用餐的拥挤、教室和自习室不足，学生宿舍成为主要的自习场所。文化和体育设施的建设落后，导致学生的课余生活过于单调。另外，随着市场经济的发展，大学生的思想理念和价值观发生了巨大转变，他们的思维方式越来越独立和多元化，过去的单一学生教育管理模式已经无法满足新的需求，教育管理工作面临着严峻挑战。

（二）传统管理模式的弊端使高校学生教育工作管理面临新问题

虽然传统的学生管理模式曾有成功的实践和经验，但在新的环境中，这种模式的各种缺点越发无法忽视。目前，一些高校的学生教育管理依然局限在事务管理阶段，过度注重管理而忽视服务，主张在教育管理过程中由管理人员主导，学生只是配角。在这个过程中，学生被认为是被管理者，他们需要遵从教育管理人员的各种指示和安排，依然处于严格监督学生的阶段。整个工作的核心是满足学

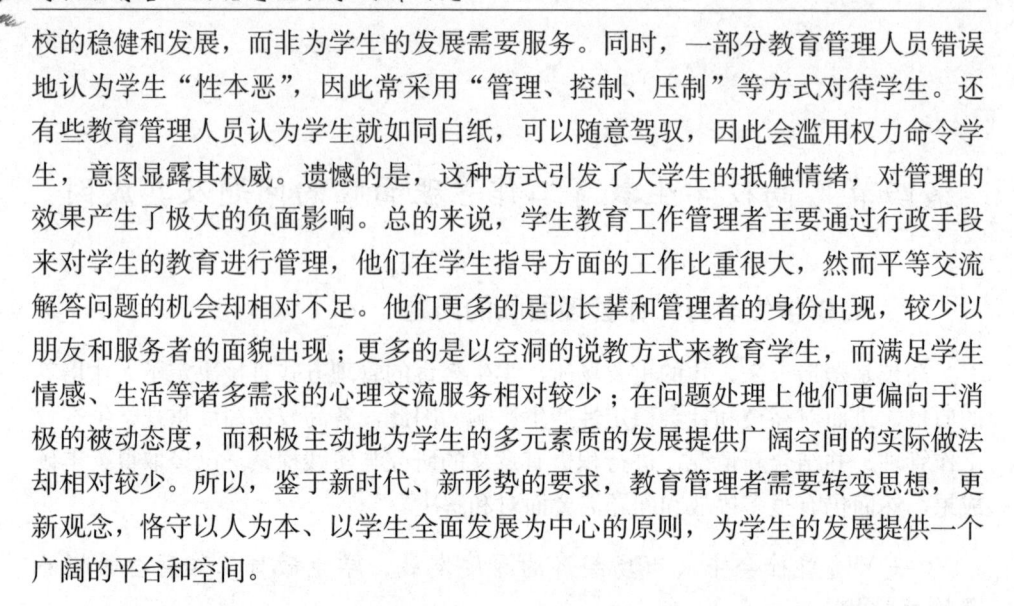

校的稳健和发展，而非为学生的发展需要服务。同时，一部分教育管理人员错误地认为学生"性本恶"，因此常采用"管理、控制、压制"等方式对待学生。还有些教育管理人员认为学生就如同白纸，可以随意驾驭，因此会滥用权力命令学生，意图显露其权威。遗憾的是，这种方式引发了大学生的抵触情绪，对管理的效果产生了极大的负面影响。总的来说，学生教育工作管理者主要通过行政手段来对学生的教育进行管理，他们在学生指导方面的工作比重很大，然而平等交流解答问题的机会却相对不足。他们更多的是以长辈和管理者的身份出现，较少以朋友和服务者的面貌出现；更多的是以空洞的说教方式来教育学生，而满足学生情感、生活等诸多需求的心理交流服务相对较少；在问题处理上他们更偏向于消极的被动态度，而积极主动地为学生的多元素质的发展提供广阔空间的实际做法却相对较少。所以，鉴于新时代、新形势的要求，教育管理者需要转变思想，更新观念，恪守以人为本、以学生全面发展为中心的原则，为学生的发展提供一个广阔的平台和空间。

（三）网络普及的负面影响对学生教育工作管理模式带来冲击

信息技术的普遍应用和演进给传统的学生教育管理体系带来了新的挑战。数字化的急速推进，引起了互联网对学生的教育、生活甚至价值观的深远和广泛影响。互联网正在改变学生的生活习惯、学习方式甚至语言习惯。在学生教育管理的视角里，互联网就像是一把"双刃剑"。一方面，互联网给大学生教育管理开启了新的阵地和领域，给强化和改善大学生思想政治教育带来了新的机会；另一方面，互联网也给传统学生教育管理模式带来了巨大冲击。网络信息的及时性、丰富性和开放性特点使得学生对于学院的知识权威产生了质疑。在互联网普及的背景下，大学生利用互联网在任何时候都可以得到信息，而思想政治工作部门和相关职员、教授在获取信息的途径、时间、数量等方面已经无法取得显著优势。

大量网络信息成为困扰德育和思想政治教育顺利进行的因素，特别是不良信息的侵害，导致学校向学生传达的信息难以在学生心中留下痕迹，极大地妨碍了思想政治教育的进行。再者，网络的虚拟性和隐秘性使其成为有害信息的孕育场所和传播地。有些人借助信息技术介入社会政治，一些虚假、不良甚至反动的信息玷污了学生思想政治教育的环境，学生往往无法分辨和抵抗，有些人被欺骗，更有甚者陷入了虚幻的网络世界，无法自拔。

（四）实行学分制及弹性学制导致学生教育工作管理面对新的转型

目前，我国各高校普遍实行学分制。在这一制度的影响下，学校的教育管理方式摒弃了以往的学年制模式，学生的专业和班级身份的重要性降低，逐步转变为以科目内容为核心的灵活教学方式。在这种模式下，来自不同专业或者不同学院的学生可以相互学习，学校的教育管理范围不仅包括本校或本专业的学生，同时包含选修其他专业或其他学校课程的学生。除此以外，学校的教育管理不只局限于教育、意识形态和生活方面，还会协助学生选定课程，助力学生建立合理的学科知识结构，鼓励学生在教师的指导下，从消极学习转变为积极主动学习，学校的教育管理也从规定式管理转为指导式管理。在这样的新格局下，学生教育工作管理必须探寻并构建新的平台。

（五）学生教育工作管理队伍储备不足和不稳定制约学生教育工作管理的成效

目前，高校学生教育工作管理面临的一大难题就是人员空缺和人员素质不高。

辅导员分布极不平衡，有的学校一名辅导员要负责几百名或者更多学生。辅导员的工作繁重，使他们无法提供给学生全面及时的思想政治教育以及心理咨询。大部分承担学生教育角色的辅导员，多是留在学校的本科生或硕士生，他们并没有受过系统性的管理或心理学的训练，进一步提升专业技能的机会也很少。尽管许多辅导员年纪轻轻，看似和学生沟通无阻，但实际上，他们缺乏管理经验。这些都导致高校在学生教育管理方面缺乏力量，效率较低。高校的教育事务琐碎复杂，涉及学生的各种问题最终都需要辅导员亲自解决，这就如同"千头万绪，全系一身"。针对这种情况，管理人员受制于现行工作体系，每日忙于处理琐事。因此，学生教育管理的深度和实效性大大降低，流于形式化，使学生的日常行为、生活、学习等无法得到精确、规范、科学的管理，阻碍了学生综合素质的提高。

（六）高校新校区建设及后勤工作社会化进程使学生教育工作管理面临新挑战

高校的后勤社会化是为了构建一个教育成本分担系统。目前，我国大部分高校已将后勤工作社会化。这些院校根据市场经济法则进行经营，开放校园市场，允许社会人力、资金、技术和设备资源进入校内市场进行运作。这些商业运营者的主要目的是盈利，同时学生在支付各种费用的过程中逐渐形成投资意识，对教学和生活环境提出了更多更高的要求，这容易引发问题。随着高校招生规模的扩大，许多高校在原校区之外修建新的教学区，使同一专业或同一系的学生在不同地点接受教育，这严重冲击了原有的按系进行管理的方式。因此，寻找新的学生教育工作管理模式成为学生教育工作管理的新挑战。

二、新形势下高校学生教育工作管理问题产生的原因分析

（一）环境要素：社会的快速变迁和教育发展的迟缓

全球化的加速不可避免地推动着社会变迁的加速，其中不可避免地充斥着东西方文化的交融和碰撞。这种变革必然推动社会制度及其运作模式的更新。物质生产活动是人类主要的实践行为，它是一切其他社会活动的根基，教育活动也不例外。教育活动的演变离不开社会物质生产的需求。社会的发展为教育提供丰富的资源，改善教育环境，提高教育水平，满足时代进步的要求，驱动高等教育从精英教育向大众教育的转变。然而，这样的快速扩展在满足大众需要的同时，也加重了高校的负担，导致教师短缺的问题日益严重。另外，因为教育的滞后性，教育改革从策划到实行需要一定的时间，人才的孕育也需要相应的时间。所以，社会物质生产的迅速转变和教育改革的滞后性必将导致两者之间出现冲突。

随着全面改革和社会主义市场经济的推进，但目前多数高校在教育工作管理上依然采取灌输式教育，主要依赖说教，忽视社会转型对教育环境和受教育者带来的巨大冲击，也忽视了学生思想的多元化和鲜明个性。在目标设定上，因为仍依赖于单一、封闭的社会结构，在特定教育环境中，力图培养出符合某个特定目标的学校角色，这导致学校角色与社会转型需要的人才特质脱节。从本质上说，社会开放和价值多元化的现代社会，高校教育工作管理由于忽视学生主观性、自主性和创新性，解决现实问题的能力变得软弱无力，并且失去了塑造学生人格、传播时代精神的历史责任，进一步产生了高校教育工作管理的多米诺骨牌效应。

（二）理念因素：科学主义的盛行与人文关怀的弱化

自近代开始，由于科学技术和教育的推动，人类对物质世界的理解和掌控力量大幅提升，科学的进步体现了理性的力量，也将人的精神视为像物质一样的实体。一系列由科技引发的哲学思想常将除人之外的所有事物仅视为待加工的原材料，它们在探讨人与自然的关系时，将之演绎为人类试图控制自然的工具性理性，技术的支配力取代了其他所有事物，过于强调机械和技术的使用，希望通过理性（逻辑）和技术的控制，采用一系列的标准化和程序化操作来完成全套的大学生教育工作管理。

科学主义的盛行引发了教育观的工具主义，这种教育观主要关注如何帮助人们获得生存所需的技能和知识，然而，它的主要问题在于忽视了引导人们深思何为生存的意义和价值。它将人的自由意志忽略不计，削弱了教育的最终目标，使其退化为迎合生存需要的简单目的，没有充分体现出教育应该以人为本的理念。人的自我价值在这种观念下容易被工具性的理性支配，人就变成了被操纵的工

具，从而转变为一种理性的存在，失去了精神追求，缺乏对事物的否定、批评和超越，使人呈现出单向度的存在。很显然，科学主义以异化的方式控制人，使人的位置降低到仅仅是一种工具，失去了人的本质。用科学的物质性、实在性来解读人的世界是不妥当的，这种视角难以形成一个复杂人的世界的现实观念，由于其过度简化，不能充分展现现实世界中的复杂性。因此，人文关怀在这种情况下被忽视，而这正是高校学生教育工作管理的核心和关键。

（三）人的要素：学生的思想的多样性和不稳定性

在改革开放进一步深化和高科技快速发展的背景下，信息技术的持续推动使得信息传递的速度不断加快，这使大学生可以更便捷地接触到各种思想和文化，而各种思想和价值观也如同洪水般涌入大学生的生活，对大学生的影响不可小觑。大学生的思想日益丰富，从封闭死板转向开放活跃，并显示出多元化的发展态势。在改革开放的背景下，新一代的大学生开始展现他们的潜力。他们是最有活力的一群人，他们的思想充满了强烈的时代特色：主体意识明显增强，自主意识全面加强，思维活跃，具有强烈的进取心和求知欲，对新事物充满好奇，可以通过多种途径获取知识信息，在获取信息的过程中展示着非同寻常的超前性；思维敏捷，具备较强的灵活性、批评性和独立性。尤其是随着网络技术的发展，生活在数字化时代的大学生拥有更多的自主选择权和空间，这使他们有机会了解基于不同文化背景、政治立场以及信仰的多元价值观，并因此加深了多元价值体系的相互冲突。

尽管如此，在大学生这个年龄段，他们的心理机能与道德判断能力往往处于较低水平，这与他们缺乏社会经验和尚未构建稳固的心理状态有关。他们的情绪常在不同的极端之间游走，显现出极大的随意性和变动性。这导致他们在面对多元化的价值观时，难以准确地进行判断和选择。其实，面对价值观的多样性，他们通常会处于"自主与依赖、自尊与自卑、情感与理性、期望与满足、冲动与抑制"的矛盾中，这就使他们在价值评估和选择上感到困惑和迷茫，进而导致他们的思维和行为出错，使大学生教育工作管理的难度增加。

第五节 高校学生教育工作管理模式对策研究

一、以"柔性管理"思想为指导，更新管理理念

"以人为本"的柔性管理是学生教育工作管理的中心理念，同时也是其价值导向，并进一步构成了柔性管理的主导原则。高校的学生教育工作管理，应该从

"为学生的全面成长和最终独立解决问题打基础"的角度出发,其目的在于培养德、智、体、美、劳全面发展的学生,以确保他们成为合格的社会主义建设者和接班人,这才是高校学生教育工作管理的基本使命。

(一)确立以学生为本的管理理念

由中共中央、国务院颁布的《关于进一步加强和改进大学生思想政治教育的意见》坚定地提倡以人为本的思想导向,致力于加强和改进大学生的思想政治教育。同时,它也强调人的核心地位,贴近现实,贴近生活,与学生密切相关,进而推动人的全面发展。这也为我国高校教育工作管理提供了理论支撑。所以,必须树立以学生为中心的教育管理理念,以更好地指导我国大学生的教育和管理工作。

在实际操作过程中,必须树立把学生放在首位的教学管理理念。这就意味着我们应通过相应的规则,保障学生在高校管理过程中的主导角色,充分突出学生的主体地位。换句话说,在教育管理的全过程中,教育管理人员须将关注焦点放在学生身上,开发他们的潜能,提倡学生在管理中的积极参与,引导他们捍卫自身的合法权益。同时,重视学生的成长,解决他们在学习与生活中遇到的问题,全力以赴为学生提供服务。

高校的教育应以学生为主导,进行针对性且有深度的学习与管理,要充分考虑学生的主体性和个性发展,减少强制性、刻板的内容。管理者要尊重学生的个性诉求(基础),关心学生的心理和生理健康(关键),服务学生的各类需求(方式),并且激发学生的综合能力(目的)。"尊重学生"是指理解并尊重学生的个性诉求,认可学生在高校的主导地位。高校成立的基础就是学生,所以实际操作时,要突出学生的主体地位,尤其对特殊的学生要加倍关注。"关心学生"是指关心学生的学习与生活,及时了解学生在学习和生活中的真实情况,帮助学生解决问题,让他们感受到学校的关心。"服务学生"的意义在于以学生的需求为导向,努力营造有利于学生发展的环境,推动学生自主管理,形成正确的人生观和世界观。"发展学生"是以学生为本的目的,也是尊重学生、关心学生、服务学生的宗旨,最终目的是让学生全面、协调发展。

(二)坚持民主管理

管理的民主化是针对"一言堂"管理来讲的。对现代管理和我国高校学生教育管理而言,民主化的管理既是方法也是目标。一方面,它构成了教育工作管理的有效性的重要支撑。通过让学生广泛参与,可以构建主导意识,加强学校的团结力和凝聚力。另一方面,它有助于培育学生的民主精神,促使学生更积极地参与到学校的管理中。

民主管理含义深远,并且是当今管理的核心要素之一。就中国现阶段的高校实践而言,民主管理的理念在高校教育活动管理中主要应体现在两个层面。首先,重视以学生为中心,确认其主体地位;其次,倡导宽宏大量,为学生的成长创造轻松的环境。

1. 以人为本,确认学生的主体地位

实施以人为本的管理理念是教育活动的要义,因此在教育过程中,学生的管理应始终坚持以人为本的核心理念。认清学生是高校管理的目标和重心,"为了一切学生,一切为了学生,为了学生的一切"的观点应作为学生教育管理的基本理念。这同样是柔性管理理念的基本要求。因此,涉及学生的学校各部门都应建立以学生为本的核心价值观,并以民主方式进行管理。教育管理人员应理解并尊重学生的个性发展,倾听学生的意见和需求,使学校与学生的发展一致。在制定规则的过程中,应调动学生的积极性,并提高透明度;对于在学校工作中存在的任何问题,都应鼓励学生参与管理,倾听他们的建议,这样才能有效地激发学生"自我教育、自我管理、自我服务、自我激励"的能动性。

2. 讲求宽容,为学生发展提供宽松的环境

宽容就是要求学生教育工作管理人员尽量理解或亲身参与到学生的各种创造性活动中,鼓励学生在校园文化活动中百家争鸣、百花齐放,不能用简单划一的制度和方式去限制学生,减少对学生的强制要求和无谓监督。若创新存在,风险亦必在,因此,大学生教育工作的领导者,特别是各院系的负责人,应勇于承受和接受学生可能遭遇的风险和压力,尽最大可能为那些具有创新性的学生提供援助和支持。现阶段,大学生的特点是个性鲜明、发展多样,因此,学生教育管理者既要评估学生的学业知识,还需对学生的道德、创新和实践能力等方面进行考察,以此推动学生个性化发展。

(三)着重提升服务管理理念,实施个性化管理

在市场经济的建立和高等教育的普及中,高等教育逐渐成为一种消费,而大学生则成为特殊的教育消费者。教育包含服务的本质,教育服务就是教育过程的产出,也可被称作服务型商品,教育商品即是教育服务。在市场经济环境中,服务的提供者为高等院校,学生作为服务接受者,在支付学费这个前提下,有权期待接受高质量的教育服务,享受优质的教育资源,而高校也需满足学生这个需求。因此,高校学生的教育管理理念需要改变,学生最熟悉的基层机构就是院系,其本质应该是坚持以服务学生为主要的教育管理理念,这意味着教育工作的组织结构和管理人员需要按照市场经济的发展需求去服务学生,摒弃过去的行政化、官僚化的教育管理模式,实现教育工作管理的标准化、系统化、科学化的转变。

行动路线要以理念为导向。负责高校各专业学生学业的管理者，应尝试站在学生的角度，积极应对学生可能面临的困难。必须细致洞察学生现阶段的思想状况，并把解答学生疑惑作为管理教学工作的常态目标。此外，激励学生发挥积极性，鼓励他们主动参与教育工作管理，提出自己的看法。这一做法有助于培养学生的问题意识，提高他们分析问题和解决问题的能力。

二、坚守以学生为中心的理念，改革和完善院系管理体制

（一）构建院系共同承担学生教育工作管理的领导机制

如果没有院系领导班子的大力支持，基层院系的学生教育工作管理是无法有效进行的。院系学生教育工作管理系统构建的首要任务是指定院系班子全面负责这一管理工作，同时，院系领导也需要身体力行。设置学生教育工作管理的机制，能够整合院系各部门的力量，使教务部门、行政部门等合理分工与协调，推动基层院系学生教育工作管理有序进行。在院系领导的共同负责下，学生教育工作管理既不是单纯的思想教育工作，也不是单纯的行政管理工作，而应该既是思想教育工作，又是行政管理工作。为了实现联合负责，可以开设一项专门针对学生教育工作管理的项目，以保障其工作的效率和顺畅。特别强调的是，校学工处应对所有工作的实施起指导作用。同时，为了确保学生教育工作的顺利进行，学校需要赋予院系学生教育工作管理部门一定的管理权力和主动权。否则，如果仅将其视为与院系同级的部门，则无法成功完成各项任务，最后造成该部门在实现其职能和目标方面的偏离，最终无法实现预期的管理效益。

（二）根据学生的发展和需求进行组织结构和功能的配置

高校必须将完备并高效的学生教育工作管理机构作为院系基层学生教育工作管理的基础。长期以来，学生教育工作管理机构在各个院系采取了各种各样的形式，但无论哪种形式，都要能满足学生接受教育的需求，满足其设立的一些基本条件。例如，它是否能促进学生全面发展，是否能让学生教育工作管理者顺利开展工作，以及是否能确保学生教育工作管理部门实现预期目标。

要加强院系一级的领导和管理。在机构上，成立院系学生教育工作管理办公室，与学校学生教育工作管理处相对应，院系党政负责人共同对本院系的学生教育工作管理负责，院系学生教育工作管理办公室的常务负责人是院系党委（党总支）副书记，成员包括学生教育行政办公室主任、团委书记、年级辅导员等。需要注意的是，本科生的教育管理业务由党委（党总支）副书记主管，而在许多高校中，研究生的学生教育行政工作由党委（党总支）书记负责。因此，研究生与本科生的教育行政工作都应由学院的党委（党总支）书记把控，实际运作时需要

综合考量，优化研究生与本科生的管理模式。

目前，随着大学生数量不断增多，事务量日益增大。学生教育管理团队的规模不断壮大，教育管理人员的数量也在持续扩增，日常学生教育工作的管理及各种突发情况，致使学校院系的教育工作管理团队常会感到力不从心。因此，他们应以实现管理的职能化和标准化为目标，进行组织架构的调整，并细化管理职责，以更有效地满足学生的需求。具体来说，院系层面应建立或者设立几个与学生利益相关的办公机构。

1. 成立院系资助工作办公室

每个院系都设有专门处理资助相关工作的事务处，管理和控制学生的各种资助活动。其主要职能包括与学校资助管理部门协作，衔接相关任务，并根据学院的专业特性与可能的资助者建立关系，负责整理和发布资助相关的信息。同时，还需要有效管理校内的奖学金、助学金发放业务，并在适当的时候公布勤工助学职位的信息。院系资助事务处有责任深入了解学生的经济状况，对贫困生进行档案管理；同时积极建立和完善"奖、贷、勤、助、补"的资助体系；教育和引导贫困生自强不息，并大力推广诚信教育，鼓励他们以实际行动回馈社会。

2. 建立院系心理健康辅导室

在社会经济迅猛发展的当下，大学生所遭遇的心理困扰日益复杂且有独特性。现代大学生对专业心理咨询服务的需求持续增长，满足教育管理目标和学生需求成为高校的重要课题。实际上，院系和学生之间的交流最直接，因此，建立专业且符合各院系特点的咨询机构并配备了解院系特色且具有心理指导能力的专业人员显得尤为重要。这样的心理指导机构可以利用学校心理咨询中心的资源，对学生进行心理健康建档，更有效地补充校级心理咨询辅导工作，同时能够及时为学生提供心理援助。众多高校都对辅导员的职业素质提出了明确的要求，比如拥有心理咨询师资格证书，许多辅导员已经考取了这一资格。因此，院系教育管理体系已具备了建立心理健康辅导机构的教师资源。此外，院系在进行学生心理健康指导的过程中还需注意以下四点：一是要制定学生危机干预预案并完善档案系统；二是要组织心理健康活动并普及相关知识；三是要进行心理咨询和辅导工作；四是要深入了解学生的心理状况，以便对有心理问题的学生进行适当干预。

3. 成立院系学生就业创业指导中心

在院系层面设立院系就业创业指导中心，其职责是利用相关学生教育工作管理人员的专业优势，指导院系学生制订职业生涯发展规划，为毕业生提供与专业相关的求职技能和就业信息，指导学生从事创业活动等事务。院系就业创业指导中心应加强与学校就业创业指导中心的合作，利用院系的专业优势，加强与相关企业的联系，为学生提供高质量的就业创业服务。

就业创业指导中心必须紧盯就业创业服务和指导这两方面的任务，以关注重点、服务重点及推荐重点为原则，寻求整体突破，从而进一步提高毕业生的就业率。

（三）加强院系学生教育工作管理队伍专业建设

一支高水平的学生教育工作管理队伍是基层院系学生教育工作管理开展的组织保障。在我国高等院校中，管理学生教学事务的工作人员被称为辅导员。为了打造一流的辅导员队伍，必须从以下四个维度进行深思。首先，必须设立辅导员的招聘选拔制度。按照"专业性、科学性"的准则，在选拔过程中，除了测试辅导员的专业技能外，还要对他们的作风、纪律和理念进行考量，并且设定更高的标准和更严格的规定。其次，确立辅导员的训练发展体系，依据大学生教育工作的独特性，制订辅导员的培养计划，可以根据实际需求制定固定和临时的培训机制。再次，构建一套评估监督辅导员表现的体系。采用量化评估法，对辅导员的工作进行实时管理，提升评估工作的透明度和时效性。最后，建立激励和淘汰机制。关注辅导员的个人成长，完善评先评优和职务晋升机制，对于表现不合格或者在任期内犯严重错误的辅导员，要给予批评和教育，严重者将被剔除辅导员队伍。

院系教育事务办公室需要高度关注专职及兼职的辅导员在学习指导和管理教育的作用，平等看待所有类别的辅导员，清楚地认识到每个人的责任和权力，创建一支积极向上，充满生机和斗志的辅导员队伍。通过多种途径，比如对辅导员的培训、沟通交流以及能力评估等，主要是以提升辅导员以下五方面能力。

1. 服务大局，提升凝聚力

学生教育工作管理团队必须始终以学校的追求目标为核心，坚定不移地遵循学校的发展方向，紧跟学校的发展步伐，确保始终聚焦目标而不偏移，保持耐心并坚定不移。全体辅导员及学生教育工作管理者需要相互协助，协同工作，共同提高。

2. 加强修养，提升道德力

辅导员必须以身作则，牢记并严格执行校规校纪。他们在工作中应该公正公平对待每一位学生，牢固树立以学生为中心的理念，尊重学生的创造力，关注他们的困难，深入了解他们的实际情况。无论何时何地，他们都必须记住自己肩负的重任，恪尽教师的神圣职责。

3. 持之以恒，提升学习力

首先，院系需为辅导员打造一个适宜其学习和"充电"的环境。其次，院系需要着重培养辅导员的独立思考能力。因为大部分专业辅导员为新入职的研究生或者本科生，他们的社会阅历和处理问题的经验都相对较少。最后，辅导员需要恪守理论和实践相结合的原则,力图将所学理论知识转变为解决问题的思路和方法,用于指导管理学生以及推进教育工作。

4. 与时俱进,提升创新力

院系还应该在一定程度上要求全体辅导员努力探索学生教育工作管理新途径,解决学生教育工作管理中出现的新问题。

5. 爱岗敬业,提升执行力

辅导员必须尽职尽责、恪尽职守,保持政策的稳定性,不偏离主旨,合理灵活掌握,摒弃教条主义。辅导员要常常深入了解学生的生活情况,处理学生之间的冲突,调节学生的情绪,处理冲突时要有策略,解决问题时要注意方式方法。

三、完善院系学生教育工作管理的内容架构

(一)搭建以学生安全管理为基础、推动学生全面发展的平台

保障学生的身体健康和财产安全是学生教育工作管理的首要职责。为了实现这一目标,高校必须采取有效措施搭建一个安全、稳固的平台,以此为学生提供一个安全的学习和生活环境,从而保护学生的生命安全、身体健康以及财产安全。

(1)牢固树立"安全第一"的思想。高校通过互联网、公告栏、展示板、主题班会等方式,定期进行安全法治教育,使安全防护意识渗透学生心中。例如,提高学生对安全的认识,特别是防偷、防诈骗意识。

(2)对即将毕业的学生、有心理问题的学生,以及正在外地实习的学生等主要群体加大管理力度。院系学生教育工作管理者需要保持对特殊学生的状况和心理状态的持续关注,一旦发现问题,应尽快进行干预,并在必要时向学校的学生教育工作管理部门报告,以获取更高层面的支持。同时,他们还需要探究问题的深层原因,以便从根本上解决问题。例如针对孤儿和单亲家庭的学生,院系可以多举行座谈会,帮助他们相互理解,提升生活自信;对于经济困难的学生,院系可以提供部分勤工助学的机会或发放贫困补助,以解决他们的经济困难;对于学习吃力的学生,可以安排老师或优秀的同学为其提供帮助;对于被诊断出有心理疾病的学生,需确保其隐私不被泄露,邀请心理健康教育中心的教师,为他们提供充分的心理辅导,防止问题的进一步恶化。

(3)建立完善的紧急情况应对预案和校园宿舍管理制度,并设立学生宿舍管理委员会和文明巡查队等。定期进行突发事件的模拟训练,以便学生教育工作管理者通过训练不断积累经验,当危机发生时,拥有良好的心态和恰到好处的解决方法。建设并完善危机预警机制。一个健全的危机预警体制是学院应对危机的首要工具之一,对于危机的解决具有巨大的影响力。

（二）构建指导学生成长成才、促进学生全面发展的服务平台

现代大学生应有的各项才能可概述为思想和实践两个领域。实践方面涵盖了专业技术、人际交流技巧以及应对压力和变故的能力等。

1. 思想领域

大学生思想素质的提升主要依赖于思想政治教育，同时学生的党建工作是基层院系学生教育工作的核心部分。在新时代背景下，基层院系学生教育工作管理体系应以党建工作为核心，将院系建设成为对学生进行思想政治教育的重要阵地，并利用党建工作来推动其他种类教育的持续发展。

2. 实践领域

高校以学生全面发展为宗旨，树立了教育教学的核心理念。以学生全面发展为依据，设置旨在全面提高学生技能的综合辅导机制。首先，规划学生的专业发展路线。针对大部分学生在度过第一学年后对自身专业知识理解不足的情况，有必要让学生在刚入校时就开始了解并掌握专业技术，并对专业的学习特点、学习手段和就业潜力有深入的了解。其次，指导并培养学生适应社会的各种技能，院系必须全面了解社会发展的实际状况，结合现代学生的个性化需求，有针对性地组织相关活动，制订行动计划，并保证贯穿于学生的整个大学生涯。

第四章　高校教师管理的创新发展

第一节　高校教师管理的要素

一、管理系统

管理是一项由一个或许多人共同调控其他人行为，以期达到单独行动无法达成的效果的各类行为。关于管理的真谛，每个人的理解各不相同。从管理学的发展历程来看，以下四种观点具有较强的代表性。

（一）管理就是一种职能的运转

这种观点主要讨论的是职场管理和机构管理，重点在于如何发挥管理者的作用，以有效管理提高效率。因此，这种观点主要从管理者的职能方面定义管理。古典管理理论就推崇这种观点。例如，法约尔曾经解释过，"管理的本质是实施计划、组织、领导、协调以及控制"，他将其定义为"领导者和全体机构成员共同承担的责任"。

（二）管理就是一种用人的技巧

在管理过程中，依靠他人完成任务是此理念的理论支撑。这个理论将研究焦点聚焦于人，而非工作或生产目标。如何高效使用人力资源是这一理论探索的关键。行为科学派坚守这种理念。例如，马斯洛的需求层级理论、弗鲁姆的期望理论、赫茨伯格的双因素理论等，这些理论都致力于解决如何了解人、激发人、优化人力资源的问题。

（三）管理是一种系统的优化

按照系统理论的观点，无论哪一种机构（被管理实体）都可以被看作一个系统，它内含众多子系统，而它自身又是更大系统的一部分。为实现对机构的高效管理，需要对机构内外的各个成分进行优化处理，以实现整个机构的总体目标。

这是系统科学学派倡导的观点。

（四）管理就是一种决策的制定

"管理就是决策"，这样的观点认为，无论哪个企业，其所面临的外部环境均繁复且不断变化，因此，企业运营的成败不仅依赖于工作效率，更依赖于如投资、计划、销售等各方面的决策。一旦决策错误，所有的管理活动便会显得毫无价值。决策理论学派持这种观点。

因为处在不同的时代、站在不同的角度，人们对管理的认识各具特色，但一个共识是：管理起源于人类的集体劳动，意在操控人力并将组织内的元素优化。因此，出现了一种试图设立全面性定义的看法，例如，盛绍宽在《综合学校管理学》一书中宣称，管理就是按照社会实际，运用各种管理工具，协调、架构、引导和控制各个分工的个体行动，产生出大于单一个体活动力量总和的群体或社会力量，也因此能更有效地实现预设的组织或社会目的。也有人给出了简洁且直接的定义，如"管理就是决策""管理就是服务""管理就是协调"。

在现代高校管理中，更多地倾向于采用后者的方式。由于管理的主体是人，因此，推行的管理尽可能符合人性。那些致力于研究高校管理的人极度认同"管理就是服务"和"管理的目的是实现协调"的理念。

二、高校教师

通常来说，我们称呼任职于各类学校的员工为"高校教师"，但这个词语的含义过于宽泛，使人无法精确理解。实际上，在高校中有很多不同的工作人员，包括行政管理人员、教育人员、科研人员、后勤人员等。只有教育人员和科研人员，我们才能称其为真正的"教师"。

理解高等教育中的教师地位，可能需要借助西方学术的视角。在英文中，有许多表达"高等学校教师"的词语，例如 faculty、academic 和 professor 等，这些词语意思相近，往往可以互相替换。在这里，"faculty"的直译是能力或天资。然而，在美国高等教育体系中，"faculty"一般表示的是在高等院校任教的教师，无论是全职（专任）还是兼职。但是，学校的行政人员和服务人员不在此列。在更严谨的定义中，"faculty"只是指拥有终身教职的全职教师。

根据学者们的理解，高校教师是高校的教育参与者，他们是某个学科领域的专业人士，同时也负责教育教学的工作。《中华人民共和国教育法》和《中华人民共和国教师法》规定：教师是承担教育和教学任务的专业人士，他们肩负着教书育人、培养社会主义接班人、提高民族素质的使命。高校教师不仅有培养人才的任务，他们对国家的科技能力和社会主义的物质和精神文明建设也有深远的影响。

通常来说，高校教师可以被划分为教学型、教研型和研究型三种，其中包括全职、兼职以及终身教职的成员。

三、管理要素

（一）目标与价值

教育的特别之处在于其不可重复性。制造业的产品如果存在缺陷可以丢弃，农业的植物苗如果有问题能重新种植，但是如果教育带来的结果"不合格"，则无法重来，并且可能在社会上产生颇大的负面效应。高等教育的全过程是人与人的相互影响，包括劳动目标、劳动工具以及劳动"产品"全都是人，而面临的对象也是具备一定的科学素养、生活经历和思考能力的成年人。他们的生活经验、个性特征都存在极大差异，身心方面的差异也相当明显。因此，给高等教育的实践带来了诸多复杂性，要求教师既要遵循学校的统一教学计划，同时也要适应每个人的特性进行教学。所以，教师的职责不是再生产物质产品，而是一种极度复杂的"精神生产"，即是培育能独立思考、具有主观能动性的人。

针对高校教师的管理激励机制正是依据这种教师教育的劳动成果而制定的。高校教师的管理最终目标能够发挥高校育才的极大作用价值。

（二）社会心理

在高校，行政权力的影响正在逐渐加大，对教师的选拔和考核造成了重大影响，并加快了教师职务的行政化。由于高级行政职务待遇更优，因此，对权力的追求已经成为一种潮流，公众逐渐将官职的高低作为衡量自身成功的标准。

假如高等学府内盛行崇尚权力和高位的想法，那么在这些负面理念的作用下，高校教师过于追求声誉和财富，而疏忽深度研究和教学。这不但无助于高校的学术发展和人才培养，而且会使高校的学术环境趋于凝滞，学术委员会的力量也会逐渐被削弱。另外，过于追求权力和职位的心态可能使行政人员过度重视权力，造成教育资源分配受到限制，产生资源分配不公，工作程序不合理，进而给公平、公正和高效的行政管理带来负面冲击。因此，高校教师的社会心态对管理工作产生了影响，如何调整教师的社会心态，改变重权轻质的观念，让他们的心思和精力真正回归教学岗位，是高校教育管理的关键要素。

（三）组织结构

在我国高校快速发展的环境下，教师层次化的趋势明显，不同级别、不同岗位、不同职位的教师差别明显，因此不能简单地采取统一的激励和管理方式。同样，高校在招聘教师时，也显示出丰富多样的特点，教师的构成慢慢呈现出层次化,然而绝大部分高校依然沿用单一的"一刀切"的激励管理方式,对老中青各个年龄段、各种职位、各种学历的教师的需求理解不深。每位教师的工作态度和绩效各不相同,如果采用同一评价标准去评估所有教师,显然会对那些表现出色的教师产生不良影响。在管理教师方面,不能忽视教师的岗位、职务、级别,并且不能将一个统一的评价标准用于所有教师。有的高校试图进行分层管理,但在实行过程中却过于重视高级人才,或者只关心两端,忽视了中间层次的教师,不能达到预期的管理效果。不少高校在追求声望的过程中,只看重顶级人才的引进和管理,高薪聘请著名学者,但需认识到,激励制度应该面向全体员工,普遍适用,通过这样的方式,才能激发每个教师的工作热情和潜力。

因此,管理激励体制的结构必须具有科学适应性。科学而有效的激励管理机制应能调和各类利益的关联,鼓励不同的对象,采取不同的鼓励方法,互相协作和配合,以形成多维度、多层次的高校教师激励管理机制。

(四)管理分系统

成功的核心要素是建立一套高效系统。为实现目标,任何组织都需要建立一套以目标为导向、制度为保障、文化为支撑的系统。因此,对于管理层,设计一个运行顺畅且高效的系统是他们的首要任务。为了塑造一个流畅运作且高效的高校教师微观管理体系,首先,需要制定高校的宏观管理目标,并确保各学院的目标与学校的整体目标保持同步,这样才能最大化每个学院的潜能,保障整体目标的实现。其次,需要将所有的管理手段和程序以制度的方式体现出来,这样才能为管理工作提供明确的操作指南,保证管理工作的有效性和有序性。最后,需要将各项管理制度融入管理文化中,使其深入每位教师心中,这样每位教师都会主动地维护这个系统,严格遵守各项规则和制度。

教师资源的合理配置在高校中是通过聘任、试用和培养等一系列步骤实现的。管理子系统是构建高校教师管理框架的关键环节,它对管理活动的总体运行起到了调整和限制的作用。不过,目前的高校教师管理还存在如招聘途径过于狭窄、训练控管不足、督导管理欠缺、考核系统不合理以及奖励制度不完善等问题。因此,教育、人事等相关部门在处理教师管理过程中,需设法形成联动的多职能主体机制,从而对教师工作的全过程进行管理,同时关注教师自我发展,充分激发他们的创造力和创新精神。

(五)管理技术

大学生个性的多样性和差异性使高校教学不拘泥于固定的模式和程序,"教有法而无定法"成了教育界的通行哲学。这也推动教师必须采用创新的教育理念和教学手段来培养每一个学生,并根据不同学科的实际需求,不断更新教学理论、改进教学方法，以期获得最优的教学效果，培养出与时代发展同步的新一代青年。作为高校教师，他们的工作不仅是教学，还需要进行学术研究，这使他们的工作富有创新性。教学、科研和社会服务形成了高校的三大重要职能。其中，科研是高校教师工作的重要内容，他们必须在自己的专业领域开展科学研究，并取得一定的研究成果，这就需要他们具备创新精神和创新意识，能自由思考，并且需要在一个相对自由的环境中工作，不应受过多约束。因此可以说，高校教师的工作充满了创新。他们的工作对象主要是学生，这是一个需要长期坚持的过程，"十年树木，百年树人"，高校教师工作的成果不能产生立竿见影的效果，而需要较长的时间才能显现出来。一方面，高校教师的科学研究往往需要一段相当长的时间才能有成果；另一方面，将研究成果应用于实际生产是一个烦琐的过程。因此，在对高校教师的工作成果进行评估时，必须充分考虑到这种劳动成果产生的滞后性。

因此，针对高校教师的管理不能盲目粗暴地进行，奖励机制也不能笼统地不加区分地开展。应用于高校教师管理的技术方法应当具有实践性、科学性，深入探索高校教师管理的研究分析，形成健康循环的管理激励体制才能推进我国高校的全面发展。

第二节　高校教师职业发展的路径探索

一、优化高校教师管理目标的设计

培养人才、开展科研以及为社会服务是高校应当承担的三项重要职能。洪堡大学在19世纪首次提出了科学研究的重要性，1904年，威斯康星大学校长范海思首次强调了高校社会服务的价值。高校必须明确规定并细化教师的职责，以便其发展与高校的发展相统一。虽然高校始终强调教师需要肩负起教学、研究以及社会服务的三重职责，但在实际操作中，更倾向于重视教学和研究，尤其是研究。这一方面是因为教师们未能完全理解他们的主要任务；另一方面是当前的教师考核制度更侧重对研究的评价，不可避免地产生了误导性。在教师的职称评定或职位竞争过程中，倾向于重视他们的科研成果（例如，发表的论文、出版的学术著作、获得的国家课题等），社会服务的需求几乎未被关注，这使许多教师对院系的管理工作和学科建设并不投入。一些教师不希望授课，他们认为这会影响他们的研究，当职称评审或者岗位竞聘时，教学的份额又占比不大，从而使他们轻视了最主要职责。尽管在教育、研究和社会服务三个重要职能中，研究被视为焦点，但研究应被用来加速教学的发展和提升社会服务，而不应把它们彻底隔离。对科研过于重视，而对教学不够重视，甚至忽视社会服务，这是一种不合理的非正常现象，要解决这个问题，需要采取有效的措施进行改革。

秉持人本理念，以教师为高校教学管理的出发点和落脚点。认识到教师是高校的重要资源，运用科学的管理方式，激发他们的积极性、主动性和创新精神，为实现高校发展目标做出更大贡献。大学生在高校学业有成，符合中国特色社会主义人才选拔的标准，为新时代中国多元而健康的发展提供人才支撑。

二、优化高校教师管理的组织结构

合理的组织结构是高校顺利开展教师管理工作的先决条件。一支组织结构清晰、工作逻辑关系合理的具有高素质、高效能的教师队伍，可以起到优化高校整体师生管理工作的辐射作用；同样，一支管理效能高、管理工作精细的管理队伍也是促进高校管理发展的良好保障。这两支队伍相互补充，有机融合，形成高校发展的有利内部环境。

（一）教师队伍结构优化

教师队伍构成的因素在高校中是多元化的，可划分为两个核心部分：首先是显性因素，如教师的学历、年龄、专业技术能力、专业领域和学生来源等，这些直接反映了教师资源的水平、功力和学术状态，是教师队伍中显而易见且能被量化的基本元素；其次是潜在因素，如教师的思想品质、工作技能、心理素质、个性和气质素质，以及职业道德和敬业精神等，这些都影响教师团队的整体效能和稳定性，是无法量化的，但却是不可忽视的重要因素。

为了实现优化高等教育教师团队构建的目标，应形成一支年龄、学历和职称分布均衡，具有高素质和高效能的教师团队。具体而言，从年龄分布来看，我们需确保团队具有良好的年龄梯队，降低教授和副教授的平均年龄，并主动培养一批45岁以下的学术领军人才，以此提升总体活力。在学历构成上，需要增加拥有研究生学历，尤其是博士学位的教师比例。在职务分布上，需依据各个学科和科研教育任务的需求，安排各级教师的职务比例，并在适当的时候增加高级职位的比例。在专业和学术背景上，积极推动各学科间的交叉学习和优势互补。在内在结构上，教师应拥有高品质和良好道德，具备适合教育工作的心理和人格品质，保持奉献精神和敬业态度，以提高教师团队的凝聚力。

（二）管理组织结构优化

教师的教育观念的正确树立，是高校所有发展目标和管理目标的根本。对高校教师的教育观念形成产生影响的外部因素有：课堂教学环境、教育任务场所、高等教育政策架构，以及社会文化背景。课堂教学环境的各元素（如课堂规模、授课风格、班级氛围、师生互动等)形成了一个复杂的体系,各部分相互依赖。教师主要通过课堂教学这个直接并常用的平台,教授学生知识,与学生进行交流。研究显示,课堂教学环境与教师教育理念的形成和演变有紧密的联系。对于学校教学工作环境,学校能否自行决定教学目标、教学内容、教学手法和教材,对教师的教学影响重大。倘若学校的教育环境充分开放,教师可以更加自由地发挥他们的教育理念。教师之间是否能团结互助,构建友善的研究环境同样影响着教师教育目标的实现和教学的激情。高等教育政策体系,为完成预期发展目标和任务,会依据党和国家在一定时期的基本任务、主要政策进行一系列教育目标、教育政策、教育规划、教育评定标准的制定(如"建设世界一流大学""211工程""985工程")。在某些教育体系和规划中,有些学校会出于提升形象或者获取财政支援的目的,强调实用性的教学,这就使他们难以完全按照学校的实际情况以及学生的喜好和需求进行授课。社会文化环境的不同使得不同文化背景的人们对教育的诠释有显著的不同。社会的文化习俗作为历史的复杂构成部分,不只是通过口头教育和示范行为在特定群体中沿袭,还渗透到群体的思想意识和行为理念中,形成了他们独有的心理特质和思维方式。在历史的深层结构中,文化传统经常如同基因遗传般延续在整个历史过程,并对当下的教育产生影响。因此,教育者的教学观念无法逃避文化传统的影响,尤其在被儒学教育思想影响了几千年的中国,这种影响更为显著。

综上几个外部因素,要想从外部管理工作中正确引导高校教师教育观念的正确形成,首先就要依据上述因素进行管理组织结构的合理调整。顺应社会时代发展,建立信息教学管理体系,提供宽松的课堂教学环境,使信息技术得到常态化应用。信息技术在校园教学中被广泛运用,有利于改善教师对课堂主导权的看法,而网络的诞生使师生的分界变得模糊。若某位教师有深思熟虑的观点,无论身份地位如何,均可设立自身的教学平台进行讲课,这实际符合孔子"三人行,必有我师焉"的教育理念。每个人都有可能成为教师,传统的以教师为中心的教学观念因而被打破。另外,如小组合作学习、课堂辩论、角色模拟、探索式学习等轻松包容的教学模式,可以引导教师的教育理念向更优质的道路发展。学校也应全力打造此类教学环境,助力教师自我进步。

致力于在学术及科研管理领域构建和谐的学校工作氛围。学校有权利独立于政府,自主确定人才培养目标、教学计划、教学内容、教育方式以及教材的应用,旨在为教职人员创建一个更加自由和轻松的工作环境。在这种环境下,教师的教学理念能够自由地发挥,不会受到任何束缚;教师们可以互相竞赛,共同学习。这种工作氛围对教师实现教学目标,充分发挥个人能力以及兴趣的培养都会产生深远影响,影响教师教学观念的形成和发展,因此学校要致力于为教师提供

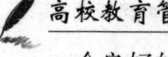

一个良好的工作环境。

　　提升在管理体系中继续教育的比重，并强化对教育工作者的培训。教师的能力直接决定了教育质量的优劣。培养教师是高校建设教师团队的关键任务，同时也是转变教师教学观念的重要步骤。通过教育培训，特别是针对初级教师的培训，可以激活他们的自我能力，满足他们自我发展的愿望，提高教师的总体素质。因此，学校应为初级和年轻教师提供更多培训机会，以增加他们的教学经验，激励他们及时更新教学观念。

　　在教师评估制度中，广泛实行民主管理手段和优化评估体系。许多研究表明，采用民主和开放的管理模式，教师的教学热情得以被唤醒，进而更愿意进行教学改革。完善教师评估体系，是实施民主管理的重要步骤，通过利用网络可以明显促进教师改变教学观念，提高他们的教学水平和主观能动性。因此，学校需要在评估体系方面寻找突破口，使封闭的奖惩式评估转变为创新发展型评估，为更多教师提升教学能力和改变教学观念提供宽广的舞台。

　　在薪酬管理上，必须提升教师的薪酬以及社会认同度。增加教师的薪酬是助推高校教师改变教学理念的重要策略。我国高校教师普遍面对的一个问题是薪酬过低。由于教师的奉献与他们的薪酬脱节，致使他们的人生价值无法在回报中得以体现，这无疑影响了他们的教学热忱。唯有充分发挥薪资的激励作用，增加教师的薪酬，为教师解决后顾之忧，他们才能专心投入教学和学术研究中，全心全意提高教学质量。

　　对于高等教育管理政策的制定，需要加以完善以稳定我国高校的教育政策架构。高校教育的进步离不开高等教育政策的指导和推动。国家设立的高等教育政策体系会影响高校对人才培养目标的设定、学校规划的构建以及教学内容的实施。正确并合理的高等教育政策框架能够推进学校教学质量的提升、教师队伍的建设、良好校园文化的形成等，然而过于激进或保守的高等教育政策架构则会阻碍高等教育的发展步伐。过于激进的教育政策会导致一些学校为了提升其形象和获取资金，不顾自身现有条件盲目扩大教育规模，在教育过程中过度追求功利，同时导致教师在整个过程中受到功利主义的影响，使其教育理念受到"污染"。保守的教育政策会导致教师在教学过程中故步自封，对陈旧的教学方式不愿意改进，这同样会影响教学质量的提高。所以，构建和完善科学且合理的高等教育体系是教师教育理念改革十分重要的步骤。

　　在教职工自我管理过程中，需要充分激发自身的积极性并树立反思意识。唯物辩证法认为，任何事物的变化都是外界条件和内在要素共同作用的结果。只有当教职工大力发挥自身的积极性并持续对自我进行反思，才可能敏锐地捕捉学生的感受，发现自己的教学理念与学生的教育观点、自我教学观念与实际的教学行

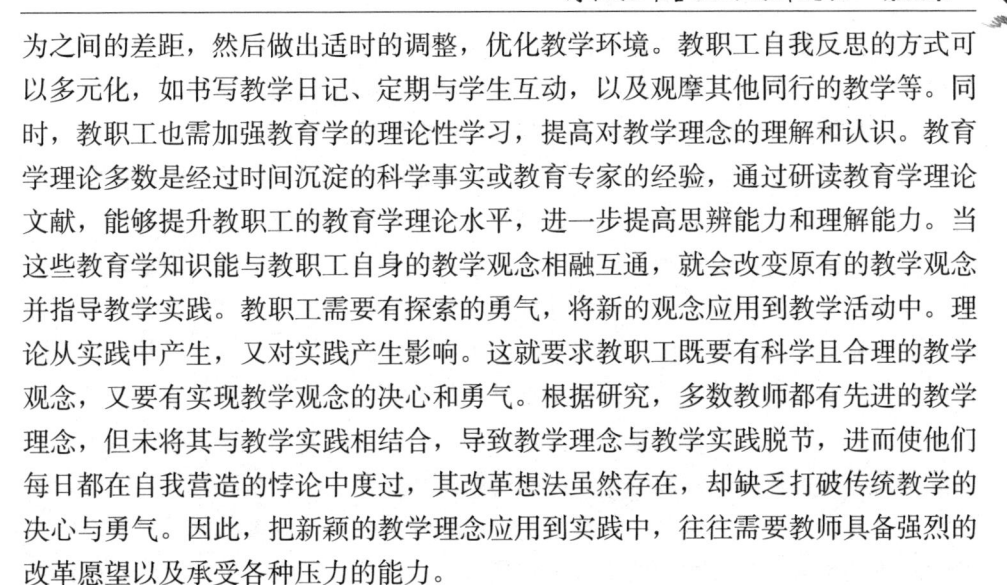

为之间的差距,然后做出适时的调整,优化教学环境。教职工自我反思的方式可以多元化,如书写教学日记、定期与学生互动,以及观摩其他同行的教学等。同时,教职工也需加强教育学的理论性学习,提高对教学理念的理解和认识。教育学理论多数是经过时间沉淀的科学事实或教育专家的经验,通过研读教育学理论文献,能够提升教职工的教育学理论水平,进一步提高思辨能力和理解能力。当这些教育学知识能与教职工自身的教学观念相融互通,就会改变原有的教学观念并指导教学实践。教职工需要有探索的勇气,将新的观念应用到教学活动中。理论从实践中产生,又对实践产生影响。这就要求教职工既要有科学且合理的教学观念,又要有实现教学观念的决心和勇气。根据研究,多数教师都有先进的教学理念,但未将其与教学实践相结合,导致教学理念与教学实践脱节,进而使他们每日都在自我营造的悖论中度过,其改革想法虽然存在,却缺乏打破传统教学的决心与勇气。因此,把新颖的教学理念应用到实践中,往往需要教师具备强烈的改革愿望以及承受各种压力的能力。

第三节 高校教师管理的激励体制

一、高校教师管理激励体制的功能

（一）提升学校竞争力

各国的竞争力是受人才质量直接影响的,具体来说,高级人才的培养和输送主要由高校负责。因此,高校教师队伍的整体素质对培养高质量的人才起决定性作用。为了在激烈的竞争环境中处于领先地位,高校必须建立一支优秀的教师队伍,这就需要有一套科学和合理的高校教师激励和管理机制来进行规范和保护。高校教师管理制度包括教师职责的划定、评估和奖励等环节,要建立一支高质量的教师队伍就需要在这些环节协同努力。虽然许多专家和学者进行了深入研究并在实践中提供一定的指导,但其理论基础并不深厚并且在许多实际应用环节的研究并不充足。现阶段,我国尚未建立一套科学、合理且完善的高校教师管理制度。

（二）提升人力资源管理效率

高校的人力资源管理以学校的目标和需求为依据,结合市场规律以及人力资源管理的前沿知识和工具,对员工活动进行有效的规划和配置。尤其将评教作为衡量教师素质和推动教师进步的重要方式,已经是高等院校人力资源管理的主要部分。此举不仅能提高高校师资人力资源管理的水平,改进学生评教的结果,还能提高高校的教育和教学质量。因此，满足人力资源管理的需求和推动教师的自我提升是非常重要的。只有教师的教学效率和教学质量提高，才能激发其内在动力，从而有效地提升学校的教育水平和人力资源管理水平。

随着高校多元化的招生体系持续扩大，我国逐渐步入了高等教育普及化的新阶段。此时，如何培养出高质量、高水平、高素质的专业人才，已经成为各大高校的核心任务。高校教师，作为专业人才的培养者，是高校的主力军，同时也是高校人力资源管理的主体。如何评估和考核教师的表现，是高校人力资源管理重点关注和解决的难题，因为这与教师的工作表现直接关联，并且对其工作态度产生巨大影响。高校的人力资源确实有其独特之处。高校教师具有强烈的独立性和自觉性，他们在时间和意愿上享有很大的自由度，因此，对大多数教师人力资源的开发应具备独特性。教师作为高校的教学和科研主力，是高校人力资源管理的重中之重，高校人力资源的合理配置须以教师为核心，以多种方式提升教师的教学和研究实力。高校教师的个人需求具有多元化特点，除了提升教师的生活待遇，更需要以尊重劳动、尊重知识的方式，满足其精神生活的需求。

现代高校教师管理中率先将对教师的评价和激励系统结合起来。用评价和考核机制协同配合促进对教师激励措施的良性发挥而产生实际效果。在对教师的评价体系中，高校管理又把学生的评教情况设置较高比例。这一管理方法认为，师生的现实关系即教学关系和教育关系，能够率先直接反映教师的教学质量和教育水平。同时也要避免这种评教结果的不真实性，这里存在相互迎合心理或者报复心理而产生的不准确性。为了最大限度地避免这一现象，使评价真实有效，从而促进教师激励管理的公平、公正，我们需要注意以下几点。

首先，必须回归学生评教的初衷，涵盖利用评教结果来提升教师的教学水平和优化人力资源的管理。在教师的人事管理过程中，动机激励和培训技能是重要的组成部分，合理运用教学评估成果能够提升这些重要环节的性能。除了要求教师收集教学评价，对自身的教学实践进行反省，寻找并改正教学中的不足之处外，学校还应提供必要的专业支持，以帮助教师优化他们的教学手段。尽管教师的教学反思是他们教学职业发展的初始阶段，但要想让教师进一步发展，还需要配合其他条件。实际上，若教师的反思不尽全面深刻，自我批评的意识不够，那么他们无法找到有效的改进方法，这不只是无法帮助他们提高教学质量，甚至可能让他们感到困扰和迷茫。这个时候，得到专业的支持变得格外重要，无论它来自学校内部还是外面。据研究表明，通过多元化的方式，如教师培训、讲座、研讨会、教学咨询、现场诊断等，为教师提供持续和富有创新性的专业支持，能够引导和帮助教师逐步走出困境，积累成功经验，这对教师的专业成长有极大的推动作用。

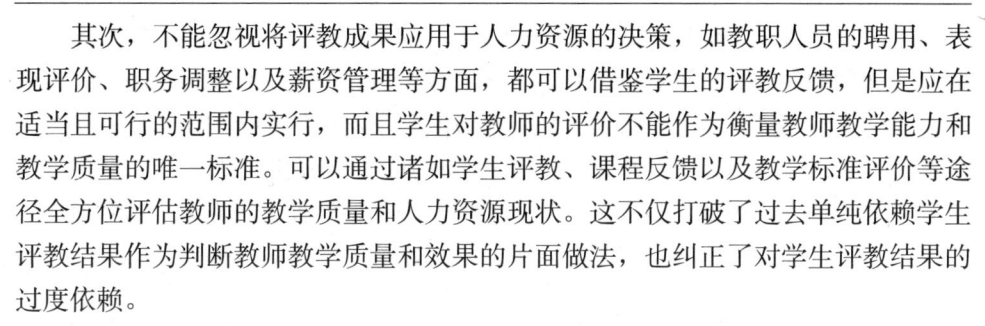

其次，不能忽视将评教成果应用于人力资源的决策，如教职人员的聘用、表现评价、职务调整以及薪资管理等方面，都可以借鉴学生的评教反馈，但是应在适当且可行的范围内实行，而且学生对教师的评价不能作为衡量教师教学能力和教学质量的唯一标准。可以通过诸如学生评教、课程反馈以及教学标准评价等途径全方位评估教师的教学质量和人力资源现状。这不仅打破了过去单纯依赖学生评教结果作为判断教师教学质量和效果的片面做法，也纠正了对学生评教结果的过度依赖。

最后，为了提升学生评教结果的时效性，要进行积极反馈，这对于教师及时发现并改正教学缺陷至关重要，也有利于优化教师的人力资源管理。

学生评教只是提高促进高校人力资源管理效率的一种方法，对于完善高校教师的人力资源管理，还要多维度进行创新。从内在要求和外部管理的精细角度，进行高校教师人力资源的培养，有效提高高校人力资源的管理效率。

二、高校教师管理激励体制的问题分析

（一）激励方法单一

目前，我国高校教师主要是借助提高个人收入和改善个人福利等实质性的激励方式进行奖励，但忽视外部激励的重要作用。依据马斯洛的需求层次理论，物质奖赏只能满足教师的最基本和最底层的需求，无法满足其更高层次的需求和追求自我实现的愿望，这也无法全面调动教师的教学热忱。

（二）激励方式不合理

高校教师激励的机制还存在以下不合理性。

首先，报酬结构存在问题。教育界过于重视研究而忽视教学，大多数高校的讲课报酬普遍偏低。事实上，教师在权威杂志上发表一篇论文的奖励金甚至超过他们一整年教课的收入，并且这在决定教师职称的评估中也占有重要地位，这使教师对于教学的热忱降低，造成了价值观的颠倒。

其次，薪资构造存在问题。在现实的高校环境中，绩效工资占总薪酬的比重微乎其微，教职员工之间的绩效工资很难区分高低，这无法有效发挥绩效工资的激励功能。

最后，由于教育质量并未和报酬制度形成联系，只要教师按学校规定的数量上完课，无论教学质量高低，他们都能获得相同的薪酬待遇。

（三）激励标准把握不准

高校的教职工评价体系大多基于粗糙的一致性标准。评价主要关注的是他们

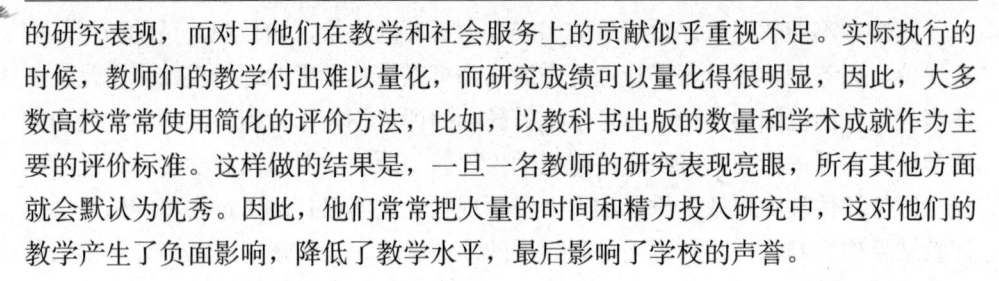

的研究表现，而对于他们在教学和社会服务上的贡献似乎重视不足。实际执行的时候，教师们的教学付出难以量化，而研究成绩可以量化得很明显，因此，大多数高校常常使用简化的评价方法，比如，以教科书出版的数量和学术成就作为主要的评价标准。这样做的结果是，一旦一名教师的研究表现亮眼，所有其他方面就会默认为优秀。因此，他们常常把大量的时间和精力投入研究中，这对他们的教学产生了负面影响，降低了教学水平，最后影响了学校的声誉。

（四）人才竞争机制不完善

随着知识经济的逐步兴起，各高校需要应对教育的大众化、商业化和国际化的挑战。当前，高等教育正在遭遇人才流动性增大、教职员工素质需要进一步提升、教师资源未能得到有效利用等一系列问题，这些问题都揭示了当前高校体系中人才竞争力的不足和脆弱。内部教师队伍不能形成有效的竞争环境，以积极促进教师能力水平的提升；在外部，缺乏实时有效地吸引社会有用型人才涌入的环境，造成高校教师环境不能健康循环发展。

第四节　高校教师管理创新发展的策略

一、高校教师管理发展趋势

（一）管理理念向人力资源管理发展

高校教师是高级知识分子，他们不仅具备良好的品行，富有情感，尊重人格尊严，还有独立深刻的思想。他们致力于实现自己的价值，十分珍视别人、团体以及社会的看法，同时非常期待得到社会的承认和尊敬。仅靠物质奖励并不能满足高校教师的需求，因此需要更多精神上的激励来激发他们的积极性。

现代人力资源管理的研究结果揭示了现代员工渴望参与并涉足管理层。因此，需要大力推行"以人为本"的管理理念，教师的管理不应只停留在"管理教师"层面，而应将教师视作服务的主体，主动洞察教师的需求，构建尊重知识和人才的氛围，进而理解、尊重、关注和信赖教师，学会使用情感驱动建立与教师的融洽关系，让他们身心愉悦，增强教师的认同感和归属感。

教师和管理人员应该增强对话，互相尊重，共担学校日常管理的责任，以满足教师的职责、成就、认可和成长需求，使他们真切地感受到自己是学校这个大家庭中的一分子。这不仅能激发教师的热情，还能促进教师与管理者之间形成和谐关系。

（二）管理方式向动态化发展

教师的教学工作和育人能力是一个动态持续的行为过程，也是从量变到质变的发展过程。对高校教师工作的管理评价应当摒弃原有的只停留在一点或者一面的表象评价管理方法。新时期，高校教师管理工作更应当充分研究和发展持续性的动态管理评价方法和奖励机制。

首先，高校可以组织成立高校教育质量测评小组，目的在于逐步规范教师的授课程序。并且，对综合工作人员进行职业技能培训，提高工作效果，以便弥补系统的缺陷，进一步提高标准化水平。

其次，鞭策教职人员提升自我能力和整体素质，全身心投入教育工作，保证教学的高质量。针对高校教育质量评价机制的状况，评价过程日益规范且标准化，教学质量的提高与评价体系的完善相互促进。

再次，通过研究建立在线教育质量评价奖励体系，同时设立公众监督机制，显著降低无效评价结果的发生率。

最后，提高对教学评价成果反馈的及时性。各项有关教师的教学评价结果，如学生的评价排名、教师自评排名、专家评价排名以及综合排名等信息，都能以短信或微信形式直接发给教师，便于教师根据本人的教学评价结果及时进行相应的调整和改善。

总之，对高校教师的管理有必要向健康、可持续的动态化管理发展，构建合理、公平的高校教师管理机制，为教师提升自身素质提供营养土壤。

（三）管理制度向契约制发展

近年来，美国的高等教育始终在全球处于领先地位，已经成功建立并发展了一套科学合理的教师管理系统，这套系统涵盖了教师团体的建设、聘用、管理以及培训等所有环节。它以公开选拔、公平竞争、自我决定的聘任原则来选择人才；创立了一套以多样化评价对象和注重自我评价为特点的科学合理的高校教师绩效考核评价体系；推出了"非升即走"的淘汰机制，普及终身教授制，也建立了公平合理、规范的职务评审机制。此外，它还设立了特定的培训进修制度、学术休假制度以及带薪休假制度。这套完善而全面的制度框架对美国高等教育的发展起到了至关重要的推动作用，并且为全球其他国家的高等教育教师管理提供了值得学习的经验。我国当前对高校教师的岗位还未全面进行如此改革。社会上甚至教师本身还认为教师这个职业是终身制。这种根深蒂固的思想从源头上遏制了高校教师主动发展的动机，社会环境也干扰了教师自我管理能力的提升。对高校教师管理的新契机正是要求改变这种体制内的终身职业生涯观念，把合同契约性引入高校教师管理机制系统中，有效地激发高校教师自身能力发展的主动性和积极性。

(四) 管理激励向能力差异精细化发展

现阶段,高校教师管理和激励暴露出很多问题。比如,近年来,高校的"扩大招生"政策持续执行,高等教育资源短缺,特别是高校教师资源不足。再者,高校教师的管理制度过度开放,很多准则形同虚设,对于教师的约束和激励作用十分有限。

高校教师工作作风相对散漫不认真,欠缺工作积极性,他们对教学活动和学校内部的事务显得冷漠,如同走形式。这不仅使资源遭受巨大的浪费,也对高校的教学质量产生了负面影响,导致很多日常工作无法有效地进行,使学校所应有的作用无法充分发挥。

高校教师的具体职责定义不够明确,细节不够具体。目前,高校教师管理规则和教师手册仅指明了教师需要完成的教学时长和在指定时间内发表的论文数量,对于教学和论文的质量却无明确要求。教师在教学、科研和社会服务三方面的职能也被忽视了,尤其在社会服务方面的职责被微观管理制度所忽视。若想激发高校教师的积极性,使他们恰当履行自身的职责,以及发挥高校的功能,高校必须建立一套更为精细、具体的评估评价标准,以便充分发挥教师的潜能,履行他们应有的职责。这种标准的精细化要从教师的教学水平、育人能力、管理能力、科研能力等入手,形成健康的有机的管理评价机制和激励机制。

总之,我国高校迫切需要将精细化的管理理念深度融入高校教师的管理改革中,并构建一套完善的、基于个体能力差异的教师评价体制。明确教师的工作职责,创建精细的教师评价体系,并完善教师的奖励制度,以此有效激发高校教师的积极性和创新精神,从而提高教育质量,确保高校在竞争中保持先进地位。

二、高校教师管理创新策略

(一) 创新激励体制

1. 丰富激励方法以满足多层次发展

高校教师是高级知识分子,具有社会文明的显著特性,也有对个人全面发展的社会要求,这就要求高校要采用多种激励方法,以满足不同年龄、不同工龄、不同职称、不同社会关系的教师的发展诉求。

(1) 目标激励。达成预期结果的目标表现为人类行动的驱动因素,它在人的动机体系中占据重要地位。动机的刺激主要来自于设定明确的目标以激起教师内在动力,但前提是这个目标必须能将教师的需求与学校的愿景无缝衔接,所以,制定合理的目标是达成动机刺激的核心。教师的需求包括日常生活需求、职业需求以及自我价值的实现，其中自我价值的实现是教师的最高追求。在满足教师实际生活需要和职业需要的同时，学校的发展也应确保教师个人能力的提升。因此，学校在追求自身发展目标的同时，也应关注和满足教师的个人需求。

（2）物质激励。只有满足个体的基本生活需求，才能让他们追求更高层次的目标。所以，改善教师的生活条件，解决他们薪酬、住所和医疗问题是我们的责任。薪酬是激励教师积极投入工作的手段，应具备公正和竞争性。这里的公正是指相对公正，而非绝对公正或平均主义，所有教师应按照一致的标准来确定奖励和惩罚。薪资应与教师的表现、贡献、职称、教学负担和教学质量挂钩，应根据不同级别和类型的教师适度调整薪资，保证根据贡献来分配薪资。为提高教师工作效率，激励他们产出更多成果，可适当设立绩效奖金制度和年薪制度。如此一来，教师更关注教学和学术研究，而非被生活琐事牵扯过多精力。

（3）培训与发展激励。教师培训的重要性在于它能满足教师个人发展及进步的最大需求。为了提高教师的综合素质，需要积极探寻一种实际运作方式，集教育、培训、管理于一体。这个运作方式要针对不同类别、不同层级和不同职务的教师，制定与其实际状况相适应的培训内容和方式。比如，新晋年轻教师可以参照美国高校的导师制，设置年轻教师导师制度、助教制度等，让经验丰富的资深教师对他们进行教学实践培训。而对于拥有学术威望和学术成果的教授，学术休假制度能为他们提供所需要的学术交流平台。在培训方式上，不仅有短期和长期的培训课程，还有业余培训以及全面系统的学习，包括校内外进修，运用现代信息技术，推动教师培训工作的信息化。在培训模式上，我国已经建设了多样性的培训系统，包括上岗前培训、教育课程培训、公开教学研究课程、年轻教师授课比赛等，还有自我教育的方式，如撰写教学总结、教师专业发展日志等。最后，需要采取一系列的激励措施，将教师培训与薪酬、升职以及职位晋升等相结合，通过学术休假制度和有效的经费支持，使教师们能够顺利地参与培训。

2.构建合理考核机制以确保公平性

在高等教育的教学质量管理方面，国外一些拥有先进教育体系的国家和地区已经构建了一套经过深思熟虑的管理系统。例如，美、英等国都会从学校和教师两个维度进行教学评价，以期提高教学质量。美国教育界首先建立了"专业与组织发展联系中心"，作为首个关注高等教育教学质量管理和发展的机构。他们负责制定相关规章制度和标准，监督和管理所有高校的教学行为，以促进教学质量提高。不仅如此，一些公益社区组织也会参与到高等教育的教学质量评价中，根据评价结果，定期发布相关质量报告，助力高等教育教学质量的不断提高。

已有大量的院校和国家相关部门为实现教学评价的宗旨，推出众多的教学质量标准。评估过后，学校或教师会把评估成果公之于众，秉持公开公平的原则。

对评估结果不尽如人意的部门或个人，需根据相关条例采取应对措施。因此，教学评价逐渐演变成一个检验和提高高校教学质量、科学分配教育资源，以及推动教学质量和水平提高的重要方式。

教育评价的影响是不言而喻的，因此形成一个科学、合理和全面的评价标准非常重要。美国是最先开始研究教育质量管理的国家，早在20世纪80年代初期，他们创立了"优质高等教育研究组"，主要负责管理和监督高校教育质量的相关工作。此外，美国还设置了"马尔科姆·巴尔德里克国家质量奖"来表彰那些在教育质量上有出色表现的高校。为了更科学和全面地评价教育，各研究机构和管理机构根据高校教育的具体特点，一直在进行教学质量评估标准和准则的调整和修订。现在，美国经过多次改革，已经构建出一套相对全面的评价标准——"绩效教育标准"，它主要包括七个部分，基本上覆盖了高校教育工作的各个方面。

教育评价在高等教育中的重要性不言而喻，所以，世界各国的高校都非常重视对其教师教学水平的管控，特别是全球知名的大学对教师教学的评价管理更加严格。例如，哈佛大学和牛津大学都建立了完善的教师教学质量评价系统，并秉持规范化的方式对教师的教学过程进行管理。21世纪初，日本同样开始对高等教育的教学质量管理给予更多关注，参考了美、英国等国家的先进教学质量评价标准和体系以评价其高校的教学质量。与此同时，东京大学等高校也开展了教学质量的自我审查和评估，以提高教师的教学质量。我国的香港大学和香港科技大学等高校也在积极地采纳国际教学质量评价标准进行教学质量和水平的自我评估。

3. 树立"以人为本"理念以激励自主管理

"以人为本"的原则重视在管理中将"人"摆在核心位置，根据个人的内心需求和激励方式，满足他们的物质与精神层面的需求，给予人以人格尊严，从而激发人的潜能。"以人为本"包括两大要素：一方面，把"人"作为关键，人既是管理的参与者，亦是管理活动的推动者。在管理过程中，需要关心、信任、理解并尊重人，充分激发他们的积极性、主动性和创造性；另一方面，将"人"视为人，赋予人全面发展和自我实现的可能性和条件。通过个人的全面发展和自我实现，进而实现组织的目标。

"以人为本"的管理理念在高校教师管理上的体现就是"以教师为本"。高校教师作为高级知识分子，拥有极高的自尊心、责任感和荣誉感。因此，在管理上需从教师的需求角度去考虑，除了满足他们的基本需求外，更应关注他们的高层次需求和对个人成就的追求，尊重他们的人格尊严和应享有的权利。

（二）完善政府—高校—教师"三位一体"管理制度

我国部分高等院校长时间面临的一个问题是教职员工管理效率不够高，主要原因是行政化倾向过于严重。想要提高管理效率，就需要认识到行政和学术的双重性质，协调行政权力与学术权力，并解决行政化倾向过重的问题。因此，高校应当迅速将行政管理体制改革纳入内部治理体系改革，重点在于转变机构职能以优化管理结构，形成一个权责相符、分工明确、决策科学、手段现代、执行流畅、监管有效的行政管理制度。

在管理高校教育体系时，应注重坚持"大学自治""学术自由"以及"学术本位"的各种理念。在行政领域，需赋予教师更核心的职责和作用，全面尊重市场经济的基本法则，并鼓励与政府之间的有效对话和交流。政府应尽力防止对高校管理工作的过度干扰。应把高校置于社会、经济、文化、组织和历史等广泛背景中来管理，削减行政部门的权力。提高管理效率，并非完全依赖行政部门，而应更多地体现在高校的自治和学术自由上，形成政府—高校—教师"三位一体"的管理制度。

（三）构建多元化高校教师发展模式

高校教师队伍在新时期呈现多元化趋势，包括教育、科研、学科建设、人才培养、高校的公共服务和对社会服务等。目前，我国高校的教职人员可以归为三类：专注授课的，一并从事教学与研究的以及以科研为主的。因此，在管理教师时，应根据这三个教师类型，建立合适的发展管理系统和激励机制，进行全方位的科学测评，并根据教师类型确定在评价准则中各项任务的权重，一般而言，教学、研究各占40%，社会服务则占20%。对于第一类更侧重教学的教师，重点评估他们的职业道德、教学任务落实情况、教学质量、教学态度、教学内容、教学方法、教学效果等，同时为教学改革研究和教学方法研究设立相关规定。第二类是兼任教学与研究的教师，这种类型的教师常常是高校的主要力量，对学科建设和总体竞争力产生直接影响。因此，对他们的评估应与学校的发展目标保持一致，对教学、研究、社会服务等环节设定更高的标准，力求在教育与研究中寻找平衡。对于科研为主的教师，着重考核他们完成的研究课题、发表的学术论著、编写的教科书、获得的科研奖项以及对科学研究活动的组织参与等内容。规定三类教师必须承担一定数量的教学任务，以彻底消除"教师不教"的非正常情况。在社会服务上，前两类教师需要向学校和社区提供一些服务，并参与学院、系别和学校的常规管理工作以及社区的咨询工作。通过对高校教师不同类型确定不同的管理激励机制，引导教师多元化发展，提升自身学、研、教、育等能力，为高校的发展提供技术竞争力和吸引力。

（四）营造和谐的工作氛围

高校教师管理理念直接影响高校的管理方式，进一步导致职场文化的差异。高校管理理念是否先进、科学，及其是否能满足高校发展和社会变化需求，以及如何有效利用先进的管理工具，都会对高校的行政效率产生影响。高校和其他公共单位的管理方式存在差别，不仅要进行日常的行政事务管理，还必须重视学术发展。高校需要高度重视学术管理的重要性，不断提升自治管理水平，尊重学术自由，而不是简单模仿机关单位的管理模式。另外，还要有效地使用现代化管理方法和工具，提高管理效率，营造一个激励高校发展的和谐学习及工作环境。

全面运用学校网站、公告板、学校报纸等传播工具开展师德宣传，用广大师生喜闻乐见的方式进行师德教育，树立师德楷模，大力宣扬和赞美师德高尚的教师事迹，营造出浓厚的师德建设的公众舆论环境。利用良好的校园文化环境，对高校教师进行深入熏陶，推动高校师德建设工作的开展。

第五章 高校信息化教学研究

第一节 高校信息化教学概述

一、信息化教学的概念

信息化教学是以现代信息技术为基础的教育方式,与传统教学相比,它在教学理念、组织方式、内容、方法、技巧、评估以及环境等方面都进行了深度的改革。

信息化教学秉承了素质教育和新课程改革的理念,坚持人本主义教育思想,强调学生的全面及个性化发展。在传统的课堂教学模式下,灵活运用小组教学和一对一教学以展开教学活动。知识积累并非信息化教学的终极目标,而是着重于学生的实践性和创新能力的培养。信息化教学依赖于传统教学方式和现代信息科技,创造了以技术为基础,或者信息化的教学模式。信息化教学评估的重心从考核和选拔才能转向关心学生的成长,重视全面评估,在考虑个体差异的同时,强调评估标准和评估主体多元化,并开始着眼于过程的评估,综合运用终结性评价和形成性评价。

二、信息化教学的特征

从技术的角度来审视,信息化教学之所以高效,主要是因为其数字化、网络化、智能化和多媒体化的属性。数字化特质增强了教学设备的稳定性,同时它也变得更加易用。网络化实现了信息资源的共享,从而使教育活动不再受到时间和空间的限制,方便了交流和协作。智能化使得教学方式更符合人性,实现了人机交互的自然化。多媒体化使得信息展示更加丰富多彩,教学内容的真实表现更显生动。

从教育实施的角度看,信息化教学具有许多特征,比如,通过多媒体技术实现教材展示,将教学资源全球化,个性化地教导不同的学生,鼓励学生主导自己的学习，促进学习的协作互动，使用自动化的管理方式，创造具有虚拟化特征的教学环境。多媒体和超媒体可以使教学内容通过结构化、动态化和形象化的方式呈现出来。网络化的教学资源使得世界各地的教材可以共享。智能化的教育系统可以根据每个学生的特点和需求进行个性化教学。鼓励学生自主学习，使他们成为知识的创造者。通过在线合作和计算机协作，学生积极参与学习活动。利用计算机技术来管理教学过程，包括使用计算机进行考试和评分，对学习问题做出诊断，以及分配学习任务。虚拟化的环境使教学活动能够摆脱时间和空间的限制。

第二节 高校信息化教学的方法

一、信息化教学方法的含义

教育者和学习者利用现代教育媒体，以达成特定目标所创造出的教学互动路径和步骤，就被称为信息化教学方法。该模式主要涉及教学互动路径和步骤。信息化教学方法是整个教学方法体系的一部分，与其他教学方法并没有本质区别。然而，它在应用中更侧重于媒体或信息技术的运用，是围绕现代教育媒体的运用所产生的一种方法。

现代教育媒体是信息化教学方式必不可少的工作基础，这正是它与其他教学手段不同的地方。在信息化教育模式下，现代教育媒体的功能可以表现得多元且有各种不同的作用，但无论怎样，它们始终是不可替代的。

信息化教学必须以具体的教育理论为基础才能进行。这是所有教学方法的共性。信息化教学方法并不主张只坚持某一种教学理论，所有的现代教学理论都可以指导信息化教学。另外，应用现代教育媒介并不等同于将信息化教学手段和现代教学理论自然地联系起来，创新的理念和传统的理念都对它有影响。换句话说，信息化教学在某种程度上更需要现代教学理论的引领。

教学手段的应用应在教学目标的指引下展开。如果缺乏明确的目标，教学手段也很难取得预期效果。故，现代化的教学技术必须以特定的目标为导向，解决特定的难题。

信息化教学有其框架构成。这种框架是根据教学需求，利用现代化教育工具而产生的一系列步骤、环节与过程等。教学手段在执行过程中都需要体现出其步骤和环节等构架性要素，但是信息化教学方法的使用、现代教育工具的运用会使这些构架性要素有所改变。比如，在现代教育工具的辅助下，某些教学活动能够使教与学双方异步进行。

信息化教学方法的来源可以从两个角度来看：首先，它在原有的教学手段上整合了现代教育媒体的使用,赋予这些方法新的特性,比如在传统的讲解方式上融合了幻灯片、电视等多媒体播放形式;其次,它在采用现代教育媒介的同时,创新了教学模式。

二、信息化教学方法的分类

按照各自的属性和特征,可将信息化教学方法细分为多个类别。通过这种分类,可以清晰地理解各类信息化教学的定义和特性,从而做出适当的选择和应用。

(一)从学科性质分类

根据各个学科的特性,把信息化教学手段划分为语文、数学、物理、化学、地理等信息化教学模式。学科信息化教学模式致力于寻求信息化教学工具在不同学科中的运用方法,重点研究了信息化教学工具如何呈现不同学科的内容。

(二)从媒体种类分类

各类信息化的教育媒介丰富多彩,并且在教育过程中各有各的运用方式。这包括投影课堂教学、音频广播教学、电视教学、电影教学、计算机助教教学和语言实验教学等。教育媒介法的核心在于探究各种不同的媒介在教育过程中的具体运用,涵盖运用的原则、环境因素、详细方法等。

(三)依据教学内容分类

主要包括传授知识的播放教学法和程序教学法,专门用于提升学生能力的微型教学法,以及用于检测学生学习成绩的成绩评估法。

三、信息化教学的基本方法

(一)讲授—演播法

讲授—演播法是教师的教学与媒体展示的结合。该教学方法广泛存在并被应用于课堂教学。教师的语言表达是传递教育信息的重要方式之一,它有悠久的历史。现代教育媒体的出现,为传统的教育方式注入了新鲜的元素。其优点在于,教师可以充分利用语言的力量,展现自己的语言特色和魅力,同时以系统的方法向学生教授知识的逻辑关系和结构,用最短的时间传授更多的知识。而媒体的播放能让学生亲眼看到、亲耳听到他们学习的主题和情境,从而扩大他们理解现实世界的时间和空间。通过语言教学和运用媒体工具展示教学的难点和重点,特别是抽象的概念,或者提供学生直观的内容,为学生创建情境,这样一来,可以更有效地补充和丰富教师的教学，不仅提高了教师传递信息的能力，也增添了学生获取信息的渠道。

讲授—演播法将教学的特点与媒体呈现的特点融为一体。现代教育媒体在这种方法中主要起到增强教师教学效果的作用，例如，展现事物和现象的视觉和声音，提供更多感性的素材，营造课堂氛围，优化板书等。讲授—演播法既可以以教师讲授为主，配合媒体的播放进行，又可以以媒体播放为主，与讲授结合推进。

1. 第一种典型步骤的具体活动内容

（1）触发记忆、导入主题：通过媒介展示事物的图片，激发对该事物的记忆，同时切入主题。

（2）问题的引发、任务的确定：对于某件事物做出解释之后，教师会抛出问题并确定这堂课要完成的任务。

（3）活动执行与目标实现：教师展示多媒体资源，供学生观赏有关的影音内容，同时辅导学生阅读文字资料，通过思考、答题等一系列活动实现教学目标。

（4）教师利用投放影片与概要，用精简的语言进行汇总和完善。

2. 第二种典型步骤的具体活动内容

（1）主题介绍：借助媒介展示物体的实际形态，揭示问题，将学生的注意力集中到主题上。

（2）概念转换：将具象事物转化为抽象理念。

（3）学生参与：教师继续提供新的学习资源，引导学生进行思考、讨论等活动。

（4）教师总结：教师进行总结。

（5）应用理论：学生将掌握的知识和理论在新情境中进行运用，解决问题。

讲授—演播法适用的范围与条件：讲授—演播法可以应用在教材连贯性较强的课程中，对于教师和学生来说，它非常适合传播和理解事实、现象和过程型的知识。运用这种教学手段，教师需要掌握出色的语言表达技巧和具备使用现代教育媒介的能力，同时，学生需要有较强的自主学习意识和较好的听课能力。

（二）程序教学法

1924年，美国心理专家普莱西设计了首个自动化教学设备，象征着程序教学概念的诞生。然而，该教学方法直到20世纪60年代斯金纳的小步子直线式程序教学理论提出后，才真正成型。该理论源自斯金纳提出的操作型条件反应及强化理论。在此理论指引下，程序教学法的核心步骤包括综合和呈现信息，并按照教育学、心理学及教育学理论，按预设教学目的，将教学素材划分成一个个严谨的逻辑小单位。教学过程主要包含了一系列专有的问题和回答，需借助教学设备由学生自我操作呈现。此方法要求学生能够在学习阶段实时提供反馈，并直接决定是否进入下个小单位的学习。事实上，程序教学可视为一种自主学习的方法。每名学生可以独立调节自身的学习节奏，每一阶段的学习都是基于前一阶段，并在每个阶段结束时立即得到强化。程序教学法的特点在于鼓励学生在教学过程中积极参与、保持思维活跃，并强调学生主动学习，使其能够以创新的方法学习。该教学方法能保证在学生与设备对话过程中信息反馈迅速，强化效应显著，指导清晰，评估公正。同时，它也允许不同的学生保持自己的学习节奏，以适合其自身进度，有助于个性化教学。

1. 程序教学法的一般步骤

（1）设计教学程序（课件）：教师与程序开发者依据需求，整合教学内容与学习过程，策划适用的程序化教学材料（课件）的方案。

（2）编撰程序素材（教学资料）：根据设计蓝图，程序开发人员撰写程序化的素材。

（3）学习如何与设备进行对话互动：学生们开始操作设备（计算机）进行交流，在软件教学资料的指导下展开学习。

（4）评估与概括：在结束阶段，教师对学习编程的成果进行概述和评价。

2. 程序教学法的适用范围和条件

程序教学法对于以下场合尤其有效：帮助顶尖学生理解由于授课时间有限而无法涵盖的附加学习材料，提供辅导性指南；提供学生预先需要的认知；实施标准化行为教学；设置因缺席优秀教师而无法开设的课程；执行个性化的训练。

3. 程序教学法的使用要求

（1）需要选择或制作出结构设计精良、配置合适的高质量课件。一个优质的课件应当具备人工智能的属性，即在与用户互动过程中，能够通过理解学生的反应来掌握其知识掌握程度，从而做出针对性的教学决策，以提高学习成效。

（2）教导学生如何操控教学设备。在利用软件课程进行学习之前，学生必须熟练使用电脑。因此，有必要在学习前先对学生进行预备训练。

（3）确定学习目标，和书面教材联合使用。在使用过程中，需要有明确的学习目标，并与传统书面教材融合使用，使用程序教材进行学习则需要学生有高度的独立精神和负责任的态度。

（4）传统教学方法和程序教学法需要结合使用。虽然程序教学法具有其独特优点，但会削弱教师与学生之间，以及学生与学生之间的即时沟通。因此，在引入程序教学法时，要把它和传统教学方式相融合，使两者相互补充、共同进步。例如，在学生开始使用程序教材学习之前，教师可以协助他们了解学习内容的背景信息、重要概念和术语，明确学习目标和思路，然后学生通过实践操作，更好地理解和掌握知识或技能。

（三）问题教学法

问题教学法旨在激活学生的思维并提升他们解决问题的能力，它是教师和学生在针对一个具体问题进行探讨时所采用的教学手段。该教学方法主要以学生为主体，目的在于提高学生的思维能力。信息科技在此教学手段中发挥着至关重要的支撑作用，它被运用于展示问题的情境，并作为分析和处理问题的一种手段而运用。

在问题教学法中，教师的主要作为助手和导师，将问题作为启发，激励学生积极思考，解析答案及解决问题，以此提高他们的自学能力。此外，通过应用信息科技工具来创建一个有效的沟通协作渠道，有助于增强学生的社交能力和团队合作精神。换句话说，问题教学法是将学生置于中心位置，用问题作为驱动，进行小组教学，同时借助过程评估以进一步促进学生能力的提升。

（1）构建情境、提出问题。教师巧妙运用各种信息科技，例如，利用多媒体教学平台，通过鼓励学生观看相关的影视内容、查看相关网页等多元手段提出启示性问题。通过引导学生融入问题情境，面对问题情境，为学生布置任务；学生接受任务，结合以往的经验，激发学习的愿望和学习的责任感。

（2）探索问题、明确问题、组织任务分工。在教师的辅导下，学生们讨论解决问题的方案。教师帮助学生们深度分析问题，理解问题的微观和宏观背景，进入问题的核心，并对问题做出解答和说明。教师依据学生的爱好和能力，将学生分组，分配学习任务，并提供相关资源。

（3）研究、解决问题，教师为学生提供相关学习材料和参考文献等资源，而学生则通过多种方式，利用信息技术获取、搜集与问题有关的数据和信息；组内成员对获得的信息进行分类、梳理、解析，进而通过交流协作，找出解决问题的方案。

（4）展示结果并接受评定。各小组借助 PPT，深度展示在解决问题阶段的规划和任务划分，完成任务的全过程，提供解决问题的想法与观点。以自我评定、互评和教师评定三种方式进行综合评价，主要是过程评价，以结论评价作为补充，以此检验学习成效。换句话说，每个小组审查自己的解决方案，小组间进行交叉评价，教师评定每个小组的学习收获及在解决问题全程中的方案和方法的优缺点，并向学生提出新的类似问题，让学生尝试解答新的问题等。

问题教学法适用的范围和条件如下：应用问题教学法必须有信息技术的辅助，教师需要用信息技术工具制造问题情境，学生使用这些工具寻找大量的信息资源，教师和学生可以通过信息技术构建交流平台，这是保证该方法能有效实施的基础。问题教学法适合各个学科领域的概念、法则、理论等教学内容，同时适用于实践性强的教学内容。

第三节　高校信息技术与教学课程的整合研究

一、信息技术与课程整合的基本原则

信息技术与课程整合是信息科技在各项学科教学程序中的有机融合。这样的结合使信息科技自然而然地与学科课程的架构、主题、资源和实施融为一体，并成为课程内容和实施过程中协调且自然的一部分。这不仅实现了课程的目标，也提升了学生的信息素养以及对团队协作的认识与能力，从而帮助他们掌握在信息时代的思考和解决问题的方法。然而，整合不代表简单混合，教师在运用信息技术前，必须了解它的优缺点，深刻理解学科教学的需求。在整合过程中，教师也需要努力找出信息技术能在哪些方面提升学习成效，让学生通过信息技术完成其他方法难以实现或效果欠佳的任务。对于学生而言，信息技术是一种伴随终生同时提升知识和技能的工具。课程整合的最根本特征就是其学科的交叉性和对能力培养的立足点。教学的核心是强调事物之间的关联性和对能力的重视。

（一）利用正确的教育理论来指导信息技术与课程整合的实践

现代的学习理论为信息技术与课程的整合提供了坚实的理论依据。无论在教学和学习的任何阶段，每一种理论都有其适用之处。但是，在真正的教学实践中，没有一种理论是能够应对所有情况的。也就是说，没有一种理论能够全面取代其他理论，成为唯一的指导准则。如果过于偏执地尝试这样做，可能会陷入非黑即白的思维模式，一边试图逃避一种形式的偏见，就会陷入另一种形式的偏见。行为主义学习理论适用于需要重复机械记忆的知识或者需要精细训练的学习目标。认知主义学习理论更多的是用于激发学生的学习兴趣，管理和维持学生的学习激情。建构主义学习理论则强调提供适合学习者理解的氛围和广阔的空间，使学生可以独立、主动地学习。

（二）根据教学对象选择整合策略

我们可以将人的思维方式划分为抽象思维与具体思维，以及有序思维与随机思维。

对于具有不同学习风格和思维方式的个体，他们的学习环节和采用的学习手段将直接决定他们的学习成果。在长期教学中发现：有学生无法积极处理接收的信息，他们偏好于人际交流的学习氛围，并需要明确的引导和讲授；另一些学生在认知过程中，更偏爱自主学习，进行个人深入研究，更适合弹性的教学方式或

个性化的学习环境。因此，信息科技和课程的融合应以不同的教育对象为准，实施多样性、多元化和多层次的整合策略。

（三）根据学科特点整合教学模式

每一门学科都有其独特的知识体系和学科特征，对学生的学业要求各异。比如，语言教育致力于提升学生的语用技能，并锻炼他们在多元环境中以精细、流畅的口头表达来交流思想，并与他人进行有益的对话。因此，教师应利用信息科技，营造类似实际生活的语言场景，并提供给学生大量的练习机会。数学这个逻辑理性领域涵盖了概念、公式、定律、规则以及应用问题，教师的教学重点应放在提高学生的认知能力上。教师能够通过创设认知环境，引导他们体验从具体思维转向抽象思维，然后逐渐具体化的过程，从而建立对数学知识的理解。物理和化学属于和人类生活、生产有密切关系的学科。在这些科目的教学中，教师应聚焦于培育学生的观察技巧、分析解决问题能力和实验操作技能。对于需要观察自然现象或变化过程的知识，直观生动的解说有助于学生更好地理解和记忆。但如果想提升学生的操作能力，仅依靠电脑模拟实验取代学生的手动实验，就违背了学科的特质，并且会偏离学生实践能力的教育目标。因此，在对各学科进行整合时，除了需要遵从统一的整合原则，还应根据各学科的特点，选择适宜的整合方式和采取不同的策略。

（四）采用"学教并重"的教学设计理念进行课程整合

当前流行的教学设计理论主要包括"以教为主"的设计和"以学为主"的设计两大流派。两者各有其独特之处，因此，最完美的方式是把这两种理论融合起来，互取所长，打造出"教学并重"的教学设计理论。这种理念完全符合"既要突出教师的引导地位，又要有效展示学生在学习过程中的参与性的新式教学布局"的导向。在实施这种理念进行教学设计的过程中要明确，不能把以计算机为基础的信息科技，仅视为协助教师"教"的辅助演示工具，无论是多媒体还是计算机网络，应更多地将其视为促使学生自我学习的知识工具与情绪刺激工具。在课程整合的过程中，需要对这一理念进行坚定不移地贯彻实施，融入整个教学设计的每一个环节。

（五）单独学习与团队学习的平衡与融合

信息科技为我们构建了一个自由度极高的实践场所，因此在追求同一目标的道路上，需要有客观的空间去尝试众多的方法和手段。同时，整合课程的理念注重"具体问题具体分析"，一旦确定教学目标，就可以通过汇集多元的任务去实现这个目标。针对相同的任务，不同的学生同样能通过使用多样化的方法和工具来完成。这种个性化的教学方法，对于聚焦发掘学生的积极性、推动精准个性化学习大有裨益。大规模的社会生产呼唤人们具备协作精神，在现代学习中，特别是在高层次的认知领域，如解决复杂问题和作品评审等，需要多名学生对同一问题提出各自的看法，给予综合评估，共同完成任务。网络的展现，正为这样的协作学习开辟了良好的场域。因此，在教学过程中，教师既要为学生提供个性化的学习机遇，又要引导学生进行集体的学习交流。

二、信息技术与课程整合应注意的问题

在课程整合的过程中虽然遇到了许多困难，但不能因此放弃，而应该积极地去探索，尽力研究，扬长避短，采取有效措施，以推动信息技术和学科课程整合朝健康的方向发展。

（一）要实现整合观念的转变

课程整合绝非仅将信息技术和教学主题堆砌在一起，更重要的是需要有条理地联结它们。在具体实践中，要完成两个核心的转变：首先，应当将信息技术的地位从学习的直接内容转向作为学习过程的辅助工具，使其成为提升教学实效的重要途径，使信息技术的使用与教学过程的日常活动融为一体，切实地在学习过程中发挥作用。其次，应当将信息技术的功能从只是教学辅助手段转变为学生学习的手段，充分发挥信息技术在学生自主学习、主动探索、互动合作等环节中的优势。

（二）避免在教学中片面地追求技术手段

多媒体教学中的视听元素极具吸引力，并对学生的感知产生直接影响，从而极大地提升了教学成效。但是，很多教师在教学过程中过于依赖多媒体，忽视了教学的本质和理念，即教师和学生之间，以及学生与学生之间的互动。教师和学生长期只关注不断变化的屏幕，对学生来说，他们接受的事实上是大量的重复刺激。于是，信息技术的优势在过度使用多媒体的过程中逐渐被削弱。认知学习理论指出，人的认知并不是直接由外界刺激引发，而是由内心心理过程与外部刺激的交互产生。因此，在教学过程中，教师需要重视激发学生的积极性和主动性，推动师生之间的互动和人—机交流，只有这样，才能提高学习效率。

（三）在教学过程中，应避免过于倾向形象化和生动性

目前，很多课件制作和在线教学中，教师过于追求课件的视觉效果和生动性，而忽略了每个学科特有的教学特色，因而并未显著提升教学水平，甚至无法

有效地完成教学任务。因此，教师需要改变对教学现状的偏见，避免仅从课件生动性出发，应根据各学科的教学目标和内容需求，同时考虑学生的年龄、认知特性，借助教学过程，充分利用多媒体计算机的交互性和活动参与度，并适当地运用多样的外部激励来设计创新型教学方式，注重学科知识的特点，挖掘各种设备的潜力，进行高质量和高效率的教学，最终打造优质的教学系统。

（四）避免在课程整合的过程中向学生罗列知识点

借助信息科技，我们能轻易地获取海量的知识和信息，然而，这也引起了教师在数字化教学中无计划地增加知识内容，从而导致学生的思考和反馈时间逐渐减少。如果持续下去，学生的学习质量和能力会逐渐衰退。教育心理学指出，一个普通人在 45 分钟之内，他所能接触和理解的知识以及需培养的技能都是有限的。如果超出这个界限，过度的信息反而会导致学生的学习质量大幅下降。因此，在教学过程中，教师必须科学地控制信息量，多媒体技术应被视为实现教学目标的手段。多媒体技术能够建立良好的教学情境，激发学生学习的兴趣，对教学的重点和难点，组织学生分组协作学习。在利用信息科技进行教学的过程中，教师应确保学生有足够的思考和活动空间，强调互动式学习，强调学生的主动探索，强调教师辅助者的地位，强调打破传统课堂的时间和空间限制，强调提供有质量的反馈信息。

第六章 高校学生管理信息化建设

第一节 高校学生管理工作的信息化重构

一、高校学生管理信息化优化原则

（一）战略规划原则

高校管理层首先应进行全面的战略规划，有效分配人力、财务和物资资源。这种顶层设计要从整体出发，明确整体目标并与各项目标相衔接，形成系统而有层次的管理体系。

（二）系统化原则

高校管理工作是一个复杂的系统，需要渐进式的改革，不能一蹴而就。高校是一个动态的整体，管理者在推进工作时应考虑现实、短期和长期因素，确保每个过程和环节都得到有效的监控。

（三）隐私保护原则

由于高校管理的核心对象是学生，了解学生的必要信息是合理的前提。然而，高校应承担保护学生信息安全性的责任，可通过引入先进的技术手段，如区块链技术，确保学生信息的机密性和安全性。

（四）信息流畅原则

在技术限制较大的早期，高校内部信息沟通存在不畅和部门协调不足的问题。因此，高校管理者需提升信息技术管理水平，促进信息资源的充分共享，确保信息在各部门之间流动畅通。

（五）开放合作原则

高校应构建开放且具有良好兼容性的信息平台，以适应互联网社会的复杂信息环境。通过这一原则，高校可以实时获取各类信息，使管理更加开放和灵活，适应信息数量激增和信息实时性的挑战。

二、学生管理信息化平台构建

（一）学生管理信息化平台功能要求

1. 满足互动性

学生信息管理平台作为学生行政与生活服务的数字化平台，不仅局限于数据收集功能，更要积极承担选课、国家志愿申报等功能。因此，确保学生管理信息化平台具备充分的互动性至关重要。

2. 满足功能性

在数字信息化时代，所有学生的学习资料都被电子化存储，构建了独立的数字文件档案。学生信息管理平台的核心功能就是查找和更新学生从入学至毕业的相关信息。通过此功能，教师能够对学生在各个学习阶段的信息以及其他相关信息进行精确搜索。例如，教师可以找到学生在某段时间的出勤记录、学生在某个学期的全面质量评估得分、学生在某个学期的每门课程的成绩、学生家庭的贫困状况、学生在某个时间段的奖惩情况，以及学生在某个时间段的受资助信息，等等。

3. 满足相关管理特性

学校需要的学生信息管理系统必须符合一定标准，这主要取决于学生管理系统的综合性。也就是说，系统需要管控学生的全面素质教育以及教师团队的建设。例如，为了促进课堂纪律和学习风气建设，高校应重视学生的出勤率、考试通过率和职业资格认证合格率等因素，这些因素应作为班级评价的标准，并在学生信息管理系统中得到反映。

（二）学生管理信息化平台的功能模块

构建一个全面的信息平台，必须包含以下功能：

1. 学生信息储存与管理

为确保信息的完备性，学生信息管理平台应精确记录学生的出生年月、健康状况、家庭状况、身份证号码、住址、学业表现、相关成绩等重要信息，并提供直观的咨询与查询服务。

2. 综合素质管理

该模块涵盖课堂实践与成绩、课外实践与成绩、校内活动表现以及获奖情况等。通过综合素质管理，学生管理信息化平台能够全面记录学生的学术与非学术表现。

3. 贫困生资助与奖学金发放

一流的信息管理平台还应支持贫困生资助金和优秀生奖学金申请，并以直观的方式展示申请流程，以减少沟通成本，确保申请过程的透明度。

4. 校园政策与学生反馈

学生管理信息平台在校园政策发布和学生意见反馈方面扮演重要角色。平台不仅能及时发布新的校园措施和政策（包括生活、奖助、教学、学分、保研等方面信息），还提供学生评论的空间，使学校更灵活地了解学生心声，实现及时的双向沟通。

（三）高校学生管理工作信息化重构方案

1. 上层设计和整体布局要合理

信息化重构方案的关键在于合理的上层设计和整体布局。高校在学生管理工作中需具备全局意识，从整体出发，综合考虑基础设施建设、人才培养以及信息资源的优化。在资金投入、资源配置和信息检测等方面，必须具有大局观。

2. 重视高质量人才的引进和培养

顺利开展各项工作离不开高素质人才的参与。高校要成功实施学生管理信息化重构工作，必须注重引进和培养高质量人才。详细规划人才培养计划，首先培训校内学生管理责任人员，提升其信息技术素养和相关技能，以增强信息管理能力。其次，加速引进高技术人才，推动学生管理工作信息化的进一步发展。

3. 不断优化和整合资源，促进合理利用

当前，高校资源利用率低，资源不足问题愈加严重。解决学生管理工作资源不足的问题需要采取相应措施，整合所有可利用的资源，提高资源利用率。为了创造信息化学生管理工作的有利环境，高校可通过多种方式与外界交流，及时关注国家政策，争取政府的政策倾斜和资金支持，以提高学生管理工作效率并确保可持续发展。

4. 加大中间环节监督力度，进行全面评估

在严格监督下，高校各项工作有序推进。全面评估工作环节有助于不断完善工作，及时纠正错误。学生管理工作信息化重构离不开有效监督，学校需组建相关评估小组，制定合理评估方案，对各项工作进行全面评估和反馈，推动学生管理信息化重构工作的顺利开展。

5. 营造良好信息文化氛围，提升师生信息文化素养

随着社会的发展，信息技术将发挥至关重要的作用，高校学生管理工作对信息化系统建设的依赖日益增强。高校在促进信息文化发展的同时，可内化为自身优势，将其纳入学生管理信息化重构过程，通过培养全体师生的信息文化素养，逐步推动学生管理工作的信息化转型。

第二节 信息化发展对高校学生管理的影响

一、信息化发展实现高校学生管理工作数字化

随着互联网技术的迅猛发展,社会信息化是大势所趋。社会信息化能够改善高校学生思想政治教育的工作方式,有利于学生管理工作向数字化方向推进。目前,高校学生的信息都是以数字化方式进行储存,教师或者学生查找相关信息更加便捷高效。在推进高校数字化建设的过程中,新系统不仅要符合数字化校园要求,还要与中心数据交换平台相匹配。所以,新系统的数据信息要上传到中心数据库,保证与中心数据交换平台相兼容,这不仅有利于学校数据管理权威化、集成化和标准化的实现,还能够保证数据的一致性、完整性、共享性和有序性,以便将安全、高效、便捷的数据提供给终端用户和业务系统,有利于数据信息的集中管理和有序组织,方便用户访问,还有利于职能部门更加规范地完成工作,科学管理学生工作。

高校学生管理实行信息化后,能够建立合理的制度,更加规范和科学地制定管理工作的内容和管理流程,减轻繁重的工作量,简化工作流程,节省人力、物力,减少错误的出现,提升工作效率,延伸学生管理人员的工作空间。例如,浙江工业大学的学生综合管理平台,运用数字化方式对学生基本信息进行储存,该系统功能包括学生心理健康、信息统一认证和学生日常事务等,使学生的学习和生活更加方便,极大地提升了学生管理工作效率。

信息化进程的加快为高校学生的学习生活和教师的教学带来方便,同时也改进了学校管理的工作方式。在进行校园管理的过程中,更多的关注点在于服务的便捷性。简言之,数字化就是使用现代信息技术将各种形式的物理信息(例如,文本、声音、图像、动画等)转变为特定的数字格式,然后进行输入、存储和传播,这就是计算机信息处理的概念。所谓的"数字化校园",即创建一个以校园网络为基础,以信息化的管理和服务为主要支撑的高效校园管理系统。同时,主干网络建设包含整个校园建设,连接了图书馆、食堂等自助服务设备,搭建了校园网络和区域主网的连接,实现了教师的教学、学生的事务管理、教育研究的信息化,从而可以随时随地为教师和学生提供便利的信息服务。

打造电子化校园即构建一个理论实践俱佳、技术精湛且广泛应用的信息系统,使信息服务实现电子化、智能化及自动化的信息管理。要实现对学生事务进

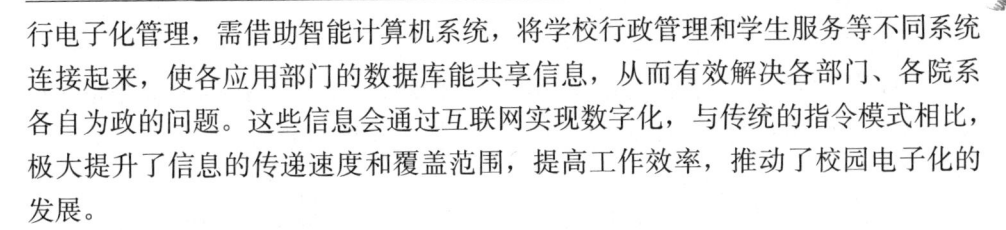

行电子化管理，需借助智能计算机系统，将学校行政管理和学生服务等不同系统连接起来，使各应用部门的数据库能共享信息，从而有效解决各部门、各院系各自为政的问题。这些信息会通过互联网实现数字化，与传统的指令模式相比，极大提升了信息的传递速度和覆盖范围，提高工作效率，推动了校园电子化的发展。

二、信息化发展加强高校师生间的沟通与反馈

高校大学生是文化层次较高的特殊人群，随着网络时代的到来，网络对他们的影响越来越大。校园信息化不仅有利于高校开展学生管理工作，还可以与学生进一步沟通、交流，并及时获取反馈意见。如今，信息技术发展得越来越快，人们的沟通交流越来越便捷，高校学生对此也非常偏爱。信息化技术与高校管理工作高度融合，为高校从事学生管理工作的教师提供了与学生交流的机会。

高校从事学生管理工作的教师，可以借助多种信息化手段完成学生管理工作，因此，信息化与学生管理工作相结合是大势所趋，是时代的要求。高校学生可以在日常生活中用新媒体等信息化技术进行沟通和交流，而且信息化技术不会受到时间和空间的束缚，可以随时随地与大学生进行一对一交流，具有高效、快捷和方便的特点。所以，信息化技术在学生管理工作中的应用性很强，尤其是高校辅导员，他们使用微信、QQ或者短信的方式与学生沟通交流，使学生管理工作更加便捷、简单和高效。

与传统媒体相比，微信和微博等新媒体的主动性、移动性更强，还具有互动性和个性化的新特点和新优势，因此，越来越多的人开始使用微信和微博进行沟通和交流，如果将大学生思想政治教育工作与这些新媒体相结合，将会突破工作的局限性，加强教师与学生之间、学生与学生之间的沟通和交流，提升大学生思想政治教育的实效性。此外，微信和微博等新媒体具有高速传递、便捷、共享、信息量大等特点，利用新媒体分享时政资料，宣传先进事迹、先进思想和先进案例，可以丰富思想政治教育工作内容，使工作方式更加灵活，保证高校学生第一时间看到相关内容，开阔学生的眼界。可以说，新媒体为高校学生思想政治教育工作的创新提供了一个不可多得的机会。

三、信息化思维推动高校工作载体的创新

学生管理工作信息化的开展，有利于推进高校工作的高效化和现代化。学生工作信息化管理是高校发展信息化的重要任务，是社会信息化的重要目标，能够反映社会信息化的发展方向。将学生人本主义教育与管理信息化相结合，有利于高校工作高效化和现代化的实现。

（一）建立学生管理工作网站

功能完备的网站是信息化管理工作顺利开展的基础。网站本质上是虚拟的媒介，设计合理和内容全面的网站有利于高校学生管理工作的开展，有利于信息的浏览和查询。

网络信息化和数字化将学生管理工作与互联网有机结合，减少学生管理工作的工作量，提升学生管理工作的工作效率，有利于学校网络宣传。在建立学生管理系统网站时，要符合以下基本要求：网站应与学生思想政治教育主题相一致；与学生管理工作紧密相连；满足内容具有思想性和实用性的要求，以便高校学生信息化管理工作顺利进行；等等。

学生网络化管理平台有助于学生信息管理工作的开展，高校可以利用学校网站发送通知、发布公告、公布成绩、宣传新的政策，教育工作者和学生能够获得更加便利的服务。由于互联网没有空间和时间限制，教师和学生无论在哪里、无论何时，都能够了解学校发生的事情。学生还可以通过校园网络平台，针对校园事件或者政策方针发表个人意见，向学校反映自己遇到的问题，还可以向网络平台咨询教师寻求帮助，教师从专业角度解决学生遇到的问题和困难，使学生的学习和生活更加顺利和丰富多彩。

（二）开发高校学生管理系统

与传统学生管理工作相比，高校信息管理系统是利用计算机技术设计的软件，具有很强的检索、记忆和存储功能，有利于学生管理工作的开展。高校信息管理系统有利于学校信息的公开、公平和公正，系统操作简单，教师和学生能够方便地找到想要的信息，节省时间，提高工作效率。经过优化升级，高校信息管理系统可以更加系统化、科学化地为教师和学生提供优质服务，主要表现在以下三个方面。

1.组织管理

高校的学生组织主要包括党支部、团委、青年志愿者协会、学生会和其他社团组织等，这些组织有利于学校对学生的管理。比如，班级干部、各组织的学生干部，都是学生管理工作顺利开展的保证，能够起到联系教师和学生的作用，促进教师与学生的沟通。因此，为了学生管理工作能够顺利开展，应认真选拔学生干部，将学生干部的作用发挥出来，保障学生干部管理的系统化和科学化，有利于学生管理工作井然有序地开展。同时，整理各种活动的工作资料并及时录入系统，方便以后查阅和借鉴。所保存的各项资料也可以为以后活动的开展和干部培训，提供丰富的经验和案例。

2. 综合测评工作

高校通过传统的测评方式对学生进行考核，是对学生进行全面衡量和综合评价。在实际操作过程中，虽然耗费了很多人力和物力，但是测评结果并不精准，学生对学校的测评结果也不满意，从而造成不必要的误会和矛盾，有的学生还产生了抵触情绪。因此，学校可利用计算机技术，建立公平公正的综合测评机制，不仅可以使学生的权利和义务得到保证，也有利于高校测评工作顺利有序地开展。

3. 档案管理

建立档案是学生管理系统中的日常工作，将学生信息以电子版的形式整理并录入系统，既可以确保学生基本信息的准确性，又方便日后查找，节省时间和精力，提高工作效率。

（三）建立学生工作管理网络平台

在学生管理工作网站中建立学生工作管理网络平台，开设适合学生发展的项目，根据学生的需求提供相应服务，整理和汇总各项事务，使学生管理工作与网络系统紧密联系在一起，合理有效地利用网络平台，通过高效和便捷的网络系统，提高学生管理工作效率。

1. 学生就业信息

随着高校的不断扩招，学生就业问题越来越严重，高校应该在学生信息管理系统上增加毕业生就业板块，为应届学生提供优质的招聘信息，有助于学生找到适合的工作，提高毕业生的就业率。

2. 心理咨询中心系统

近年来，大学生群体的心理问题日益凸显，学校领导以及教师应该对此有足够重视，在实际工作中有所体现，可在学生管理系统网站上建立心理咨询项目，开展主题为"心理健康教育"的线上讲座，针对大学生普遍存在的心理问题进行阐释和解答，帮助大学生正确认识心理问题和应对心理问题，还可以提供线上一对一的咨询服务，为大学生答疑解惑。

3. 学生社区交流系统

高校可借助网络，为大学生提供沟通交流的机会，选择不同的文化作为主题，让大学生各抒己见，展开交流，在沟通交流过程中，相互了解、建立友谊、增进情感，使大学生的课余生活更加丰富多彩。

第三节　信息化背景下高校学生管理的创新

一、创新高校学生管理思想理念

（一）领导者与时俱进、以人为本的理念

随着时代的发展，学校的信息化建设迫在眉睫，高校在进行信息化建设时，需要认真分析信息化的发展趋势，学校领导者应该保持清醒的认知，充分了解信息化发展需要消耗的学校资源、关系到哪些学校职能部门、需要调动哪些人员等。领导者应该对此进行科学规划，找准时代发展方向，有整体观念、大局意识，能够严格落实各项规划，跟进信息化的部署工作。

高校信息化建设需要学校领导主动学习相关理论和观念，通过自身积极主动地学习，带动学校信息化建设。与此同时，学校领导还应该有整体性思维和全局意识，能够进行统筹规划，在对学校进行充分调研和考察的基础上，制定出适合学校发展的信息化方案。通过不断发展，很多学校都认识到应该成立专门的信息化校级管理机构，对信息化发展进行集中管理和规划，有助于明确学校的信息化培训目标，掌握信息化的发展策略；有的学校还专门成立了负责信息化建设的领导机构，全面推进校园信息化。同时，领导干部需要具备以人为本的管理理念，认清学校信息化服务本质；注重信息化建设过程的管理，采用建设阶段目标和建设奖励方法的方式，带动学校教职工参与信息化建设。在信息化建设过程中应用系统动力学理论，也就是在建设过程中运用项目的管理思维进行信息化管理，将信息化建设看作一个庞大的项目，从管理学的视角进行建设资源分配，寻求各方面平衡。项目管理的方式有利于达到信息化建设管理的最好效果，达到信息化工作的最高效率，有效指导学校的信息化工作。

（二）管理人员自觉利用信息化办公平台的理念

高校信息化建设面向的是全校师生，信息化建设不仅为学生提供平台支持，教师也应该积极地使用信息化平台。教师通过网上办公的形式，使用学校信息化平台，并且在使用过程中不断完善信息化平台建设。

我国高校建设是按照专业进行划分，很多教师并非计算机专业或者计算机相关专业从业者，所以，高校教师信息化水平参差不齐。很多非专业的教师使用信息化平台会心有余而力不足，进而导致学校教师对信息化平台的使用率和利用率较低，在他们的日常办公过程中仍然习惯使用传统的教学方式。

高校在开展信息化平台建设的同时，应该对学校教职工进行信息化培训。通过培训，教职工可以掌握信息化平台的使用方法，进而提高信息化平台的利用率。除此之外，信息化平台管理员应该不断加强信息化理论学习，紧跟信息化发展步伐。因此，学校管理人员的信息化水平决定了高校的信息化建设水平，在信息化应用的基础上，应该注意节约教学成本，提高教学效率。

（三）学生自觉积极使用信息化系统的理念

高校信息化建设为学生的学习和生活带来极大便利，既提高了学习效率，又增强了学习的主动性。通过信息化技术手段，学校生活也将更加便利。例如，校园一卡通既包含宿舍门禁卡，也包含饭卡、图书借阅卡，还可以作为学生证明，方便了学生的日常生活。

学校信息化建设要求学生具备一定的信息化素养，学生对于新鲜事物的接受能力较强，对于信息化平台和产品的使用比较容易掌握。但应该注意到，大学生的思想还未完全成熟，在培养信息化素养的过程中，应该给予正确的思想引导，对于互联网的不良影响应该及时规避，确保信息化建设是为学生的学习和生活提供便利，而不是成为学生沉迷网络的渠道。

（四）技术人员树立利用信息化技术合作的意识

高校信息化技术需要技术人员维护。通常情况下，学校信息技术人员拥有理论技术，缺少掌握信息化的实际需求情况的能力，所以应该对信息化技术人员进行服务意识培训。信息化管理人员应该了解学校和师生对信息的需求，展开实际调研，通过调研了解和掌握需求变化。除此之外，技术人员应该清楚地了解和掌握信息产品，根据需求不断改进产品和服务，根据实际需求进行产品创新设计和技术建设，切实推进高校的信息化技术应用。信息化建设更重要的是日常管理和维护，应该秉承正确的信息化建设理念，开展信息技术应用。

二、创新高校学生管理组织结构

信息化发展应该创新学生的管理组织结构，组织结构的创新可以为学校发展提供动力。学校的信息化建设不仅是计算机或者多媒体设备软件的增加，还需要学校管理结构的创新，只有管理环节跟上信息化的建设速度，才能实现信息化的良好应用。因此，高校应该根据学校的实际发展需要进行资源重组，进行科学、合理、有效的设计，包括流程设计、目标设定等，通过合理的设计保障资源快速、及时传输，为学校日常管理提供稳定的保障。

（一）完善学生管理信息化的组织结构

信息化的组织结构建设应该成立专门的领导小组，或者是工作委员会，任命学校领导直接管辖领导小组，负责信息化建设相关的目标设定、流程规定，并且进行总体管理调度，协调各部门的职责，管理工作人员，保障信息化工作能够整体有效地开展。除此之外，信息化技术的领导者还应该负责信息的筛选和挖掘。信息筛选有利于实现数据的高效利用，信息化组织结构对于高校的信息化建设起重要作用，完善学生管理信息化的组织结构，有利于提高学校整体的管理水平，促进资源的高效利用。

信息化组织结构的建设还需要不断完善，形成一定体制。信息化领导小组是高校信息化建设的主管部门，管理各个项目的推进和应用，也包括管理人员的调动，对于各学院、各专业的师生来说，信息化领导小组是校园信息化建设的主要管理部门和服务部门，是服务的提供者，领导小组也是学校信息化平台的使用者。信息化服务平台是整个校园信息运作的保障，必须建立健全相关体制，保证信息化组织的有效运行。

（二）优化高校学生管理体制

1. 高校学生工作组织结构的主要类型

（1）直线型层级结构。高校学生工作组织结构，一般是直线型的层级结构。直线型结构主要是以学校和学院两个层次为主体，其优点是决策可以快速传达，操作灵活，有利于学校对下层院系的控制，有利于资源的高度整合。但是直线型结构也有其不足，主要体现在管理职能有交叉，甚至重叠，而且横向结构之间很难进行有效沟通。当开展整体学校工作时，会涉及不同部门，如保卫处、团委、党委、后勤、各个学院等，这些机构都属于横向层次，彼此之间没有管理权，也没有决策权，在具体工作中如果不能进行有效沟通，会出现工作无人负责的局面，领导负责人相互推诿，使工作很难开展。

直线型的结构组织涉及管理层次众多，导致学院或者专业的最高领导者很难完全掌控学生的所有工作。相比于学校教学和学术研究，学生管理工作并没有得到关注和重视。除此之外，学生工作的相关信息需要经过学校党委、行政部门、学校团委传达到学院团委、学院辅导员，再传递到班长和团支书。经过多层次传达，会导致信息传递不通畅或者信息传递受阻，甚至是信息失实。有的学校管理出现人事不统一的现象，具体体现为学院辅导员等的工作考核和评价管理权限属于学校党委，但是辅导员等用人权限属于学院管理。管理人事权限的分离不利于具体工作的开展。

（2）横向职能型结构。横向职能型管理结构最初起源于西方学校管理，我国学校很少使用这种管理模式。这种管理模式的特点是管理层直接面向学生开展工作，工作直接由学校分配，学校直接面对学生，相比于直线型的管理结构，横向职能型结构的分工更明确，避免了信息传达的失误，各部门之间沟通更加便利，有利于学校指挥各项活动。横向职能管理结构范围跨度大，容易协调，可以多头并进开展具体工作，是其最大的优点。

2.网上业务协同矩阵管理结构

网上业务协同矩阵管理机构越来越受到师生的欢迎，被应用到学校组织管理中。当前，数字化建设在我国高校内得到广泛应用，师生的信息化素养也得到提高。信息素养提高后，师生不满足于本部门内部的信息和业务服务，需要寻求更多的跨越部门、跨越职能的信息交流和信息服务，而跨越不同职能的信息业务处理和信息服务便可通过网络实现。比如，学校毕业生在离校时需要办理手续，传统办理离校手续需要教务处的盖章、学生处的盖章、图书馆的盖章以及后勤部门的盖章，学生办理离校手续往往需要跑多个部门。但是，通过信息化业务协同服务学生可以在网上办理离校手续，信息化协同管理结构有效节省了学生办理离校手续的程序和时间，通过网络将各部门的职能联系在一起，可以简单快捷地办理离校手续。除此之外，学校进行奖学金或者各种职称评定时，往往需要学生理论知识的成绩、德育的成绩，在网上通过教务处和学生处的业务协同管理，可以很方便地解决评奖评优所需要的各方面资料。此外，网上业务协同最明显的应用是校园一卡通，校园一卡通集合了学校门禁、学校图书馆借书以及学生食堂消费等功能，涉及学生处、教务处、学校保卫处以及学校图书馆等部门，一卡通的综合应用体现了网上业务协同管理结构应用和建设的成熟。

高校信息化进程的推进，为矩阵管理结构的应用提供了强有力的支持。目前信息化建设还处于起步阶段，如果要完全实现矩阵管理结构，还需要经过一段时间的发展。目前做得比较好的是，学校基本实现了简单的信息化综合管理，设立信息化相关的新职能、新岗位，为信息化的综合协调提供保障。比如，成立信息化服务中心、校园一卡通管理和服务中心等。信息化的系统和体制建设能有效协调各部门，实现学校信息化综合管理。

三、创新高校学生管理技术支持体系

（一）加大硬件投入

高校要真正实现学生管理工作全面信息化，必须加大投入力度，不断完善学校信息系统基础设施建设。信息化建设的硬件基础包括计算机、网络配置等，都是学生管理工作信息化的物质前提。高校学生管理信息化要在国家科技计划管理改革的总体精神指导下开展，要以计算为核心、网络为基础、应用为导向、安全

为保障，时刻关注信息产业的发展方向，不断寻求核心技术，以期取得基础性突破。

在高校学生管理信息化过程中，应该把已经建立的校园网络作为主要支撑，强化新型信息技术的运用，以期达到创新应用的目的。利用信息化系统和技术，重视信息化的实用功能，积极融合自动化办公系统和资源。同时借助网络，实现信息的流通和共享。除了自身资金投入外，还要积极引入市场机制，通过与信息化企业合作，加大基础设施建设力度，从而全面提高学生管理信息化水平。

（二）创新使用物联网与 LBS 技术

目前，在我国高等教育体系中，确保学生的人身安全和构建安宁的学习环境是重点，且其中包括了提供多元服务以及进行常规的管理以确保在校学生的安全，这也是各高校亟须解决的问题。随着科技的快速进步，物联网技术在大学内部得到广泛应用。物联网技术的优势在于，它可以利用无线数据来收集、分析、处理信息，并向用户提供。因此，物联网能够在大学生的安全管理工作中得到有效利用，例如，在教室、图书馆、学生宿舍等场所安装相关的感应和识别设备，当学生出入时，他们的手机会得到相关的提示或警告；通过感应器识别系统实现学生的一卡通门禁系统，这样既方便了学生的校园生活，也保证了校区的安全性，保证了学生的人身安全。对于学校管理人员，他们可以通过物联网实时了解学生的具体位置，以方便事故预防和即时处理。同时，在学生宿舍大门、教学楼入口、图书馆和教室等场所安装 RFID 读取器，并在学生的手机或一卡通上安装 RFID 标签，这样学生在离开宿舍时，手机会自动提示他们需要的书籍或即将参加的活动等信息。

位置相关服务（也称作 LBS）是一项新兴的技术。在学生管理方面，如果说物联网属于被动应用，那么位置服务（LBS）就可以积极地推动和方便学生管理工作。因此，位置服务（LBS）完全适用于高校学生管理。譬如，上海财经大学研发出了一款叫作 iSufe 的应用 App，该 App 内置有校园地图功能，能够实时精准定位手机用户的具体位置，并提供非常精准的位置导航线路。同时，该 App 还具有查询自习室位置的功能，手机用户只需使用手机定位功能，就可以迅速找到离自己最近的自习室空位。学生只需在手机上安装这款应用软件，就能轻松根据 App 提供的路径找到有空位的自习室，极大地节省了时间，提高了学习效率。

（三）创新使用新媒体技术

在信息化和数字技术的帮助下产生的新媒体，借助于计算机网络、无线联网、卫星等传播工具，为公众提供如电子报纸、电子杂志、手机信息、移动电视、网络服务、数字电影、触控媒体等服务。新媒体主要划分为以下三类。

一是互联网媒体。网络媒体主要是指所有通过互联网创建的媒体类型，包括但不限于网站、微博、博客、网络音频和视频、搜索引擎和虚拟社区等。

二是移动终端。这种传媒形态利用手机作为接收端，其表现形式主要包括手机报、短信和彩信、手机广播与电视，以及手机上网功能等。

三是以数字电视为基础的新媒体形式。这种媒体形式主要包括车载广播、车载移动电视和楼宇电视等。

如今，具有较强交互性、开放性和个性化特点的新媒体深为人们喜爱，比较具有代表性的是微信、微博，很多学生很早就开始使用新媒体，在高校大学生之间新媒体的使用非常广泛。因此，在新媒体时代背景下，各高校应利用新媒体手段创新学生管理工作，探索和发展出新的工作方法，从而促进学生管理工作的不断进步和可持续发展。

第七章 高校教学管理信息化建设

第一节 高校教学管理信息化概述

一、高校教学管理信息化的含义

信息化管理是一个借助信息化手段来推动工业化的过程,其最终目标是实现企业管理的现代化。这个过程将先进的信息技术深度融入创新的管理理念中,从而变革企业的生产方式、运营策略、商务流程与传统的管理模式和组织架构。并且,它还强调重新安排企业的内部和外部资源,全方位提高企业的运营效率和效益,以便增强企业的竞争优势。

在高等教育领域,教学管理的数字化是信息管理理念在此范围的延伸和运用。这主要是指在遵循现代教育思想的基础上,通过借助计算机、网络通信和多媒体等信息科技手段,对高等教育组织的教学过程进行管理,进而实现设定的教学目标。这就是信息科技在高校教育管理场域的具体应用。采用创新的信息科技对高校教学进行数字化管理,是基于现代高校教育和管理理念的落实,其目的在于改变传统的教学管理方式。通过对教学过程的有效规划、组织、引导、协调和监控,以达到高校教学目的。高校教学管理的数字化不仅在于教学管理信息系统相关硬件和软件平台的建设,还包括现代化、科学化、高效化的教学管理理念。

二、高校教学信息化管理模块

为了提高教学管理效率,有必要建立一套完善的高校校园网络,从而实现教育管理信息共享、分散操作和集中管理。这种创新的教学管理模式有助于推动教学管理向多元化、智能化、无纸化与数字化的趋势演变。通过校园网络,教师和学生可以进行信息交换和查阅,形成一个全面的信息化教学管理方式,进而使教学管理更加规范、精确和方便。通过网络信息化的手段,高校可以便捷地发布学生的成绩、课程调整、选课状态和考试安排等相关信息。这种多元化的信息系统教学管理方式能提高教学管理质量。教学管理信息化系统主要包括学生学籍管理、学校系统管理、学生注册管理、公共信息管理、课程管理、选课管理等信息化管理模块。

（一）管理学生学籍信息

数字化学籍信息管理方式可助力保持学生学籍信息的完整，也为学生提供了检索相关信息的途径。根据学生学籍数据的实际情况，生成数据上报文件和高级报表。

（二）对内部系统的管理

保持教学系统的更新并科学管理教学信息等，可以通过调整系统参数、运用系统工具且对用户进行管理等手段实现。

（三）管理学生注册

通过采用信息化管理系统，在每个学期开始后方便学生进行注册，增强了学生注册管理效率。

（四）维护公众信息管理

在进行教学管理时，应用信息技术是为了维护公共信息管理，它向学生提供基础数据集，这主要包含教学管理信息编码、学校公共编码、学校内部教务系统公共编码、课程选取、成绩编码和课程信息编码等。

（五）课程管理

高校使用现代化的信息技术，为学生创建一个课程信息平台，其主要功能涵盖了选课、排课、教学计划以及管理学生的成绩等。

（六）课程选择控制

这为学生提供了学校规定的相关管理规则、教师基本详情的浏览便利，使学生能根据这些信息创建个人的课程表。教学管理者有能力依据用户端方式审查、调整学生的课程选择数据。

利用信息科技可以强化教学管理系统的稳定性，改革教学管理模式。借助统一的教学管理方式可以最大化地发挥信息化的优势。这对于提高教学管理质量、消除管理过程的漏洞以及提供可靠的数据支撑都是有益的。高校需要逐渐改善教学管理系统，增强其信息保障功能，以实现教学管理的信息化、制度化和科学化。

三、信息化在教学管理中的作用

（一）有利于提升教学管理效率

传统的以教科书为主、教师为核心的教学模式，仅让知识单向传递，使教学过程的管理效率低下，无法适应现代教育的要求。而将信息化技术，比如多媒体教学或者电子文本阅读等方法应用在教学上，能在同样的时间内极大地提高信息传达效率，缩减人工操作的时间，进而提升课堂教学效率。

在教学管理中，计算机多媒体和网络信息技术的运用，可以提高课堂教学效果，以适应信息社会对教育发展新要求。教学信息化的目的在于使教学手段数字化和现代化。

所谓的高效课堂，其实是在常规教学环节里，依赖于教师的引导与学生自我驱动和积极思索，在限定时间内有效且优质地实现教育目标，进一步促进学生的高效发展。在这类课堂上，教师通过唤起学生在多媒体计算机教学环境中的学习兴趣，独立开展探索，启动思维，进一步全方位提升自我，更好地适应新时代对人才的要求。

（二）有助于激发教师持续学习、深入探究专业知识的积极性

在教学管理中，教师队伍建设被视为最重要的一环，并且随着素质教育的不断推进逐渐走向成熟。现代教育系统对教师的综合素质有日益增高的要求，教育管理的信息化在一定程度上促使教师保持积极学习的良好状态，这对于提升教师队伍的总体水平产生直接影响。

从 21 世纪初开始，我国积极实施以"课程改革"为主导的教育创新，这对教师提出了全新的挑战。信息科技在辅助教学方面的应用已经非常广泛，但在利用效果和效益上还存在不尽如人意的地方：例如，一些教师无法完美地运用信息技术，无法有效增强课堂教学效果；很多教师在利用信息技术时并没有紧紧抓住教学难点来设计课程内容；等等。因此，怎样借助现代化的教学手段为学生创设教学情境、提供丰富的教学资源，怎样将信息技术有效融入课堂教学，突出教学难点，这是教师目前所面临的具体问题，也是我们持续努力探求的一个重要且迫切的问题。

在我国，大量学校已经将信息技术引进课堂，教师通过初期的训练，开始对信息技术有了基本理解，并且在授课过程中广泛使用这种技术，部分教师已经掌握了独立开发和制作课件的技能。

（三）有利于实现教学全过程管理

在教学管理环节，授课只是一部分，完整的教学活动实际上还包括课后作

业、考试和教学质量追踪等。这些教学管理任务如果依赖于传统的方式，将给教师带来巨大的工作负担。而通过教学管理信息化，只需要很短的时间，就能对整个教学过程进行有效的监控和数据分析，从而更好地引导教学活动的顺利进行。

通过信息化教学管理，可以进行精细化的学习分析以适应每一个学生的特殊需求，进而制定出针对性的教学方案来提升他们的学习效率以及学习质量。此外，信息化教学管理的大数据能在教学决策和建议中发挥作用，为精细化管理提供有力的支撑。例如，在因材施教方面，通过大数据收集和分析每个学生的学习习惯和作业完成情况，准确得知每个学生的知识掌握程度。教师可以依据每个学生的学情制订针对性的教学和作业计划，进而实现因材施教。在教学信息化普及之前，教师经常需要花好几周的时间来编排课程，还不能保证让学生满意。现如今，通过使用人工智能技术，课程的编排和教师资源的分配都能迅速完成，极大地提升了教学效率和学生满意度，这充分体现了信息化教学管理在教和学方面的重要性。

（四）有利于缓解教师的教学负担

国家针对教育信息化出台相关的政策，旨在帮助教师减压（例如，如何获取教学素材、如何迅速引用教学方法、如何巧妙批改试卷等）；帮助教师提高工作效率（例如，深入了解学生的学习状态、精准地辅导和布置创意作品、沟通家长等）；促进教师创新能力的提升（例如，制作微课资源、进行课题研究等）。

当下的许多网络教学工具都配备了在线智能批卷功能，仅需用手机轻轻一拍便可大批量地更新学生作业，同时还提供对学生群体的学习情况分析、学生个人的作业进度及考试情况、供教师备课之用的教学资源，以及联结学校与家长的通信功能等。

现在，全球广大地区已普遍接受运用信息技术提高教学质量的策略。采用网络、大数据、人工智能以及虚拟现实等技术去探索新颖的教育和教学模式，是国内教育信息化发展的重要手段和目标。所有教学阶段，如教学、学习、测验、评鉴、管理等，都已完全实施信息化。这不仅能处理数据集合问题，实现从数字化向数据化转型，而且能提高教师的工作效率，减少他们在简单重复工作中的时间消耗。

（五）实现教学管理决策科学化

在教育信息化管理的过程中，信息技术能充分发挥自身潜在功能，推动教学管理向科学化发展。信息技术的应用促使相关院校有能力对教师队伍建设、教材配备和招生计划等进行科学管理，这种管理形式主要依赖信息技术生成多样的教学管理方案，通过整理合并这些方案，可以提高工作效率。在院校的教学管理决策环节，教育信息化成为决策的基础和依据，减少了传统的院校管理中信息滞后、不准确和不完整的问题，对相关院校的教学资源开发起到了重要的推动作用，使高校管理在教学决策方面更科学。

（六）提升教学管理创新力

教育信息化高校管理还能够通过自身优势，实现高校教学管理创新力的提升。在当前中国社会鼓励竞争的环境下，相关的高校如果不能持续地创新教学管理，将会被社会淘汰。因此，高校必须通过教学管理的创新来改变他们的教学现状，并且利用此方法提升竞争力。为了实现这个目标，高校管理需要提高教育的信息化程度。在教育信息化方面，相关高校可以使用教学管理信息系统为教学管理新增创新途径，提高管理层的信息分析能力，以便能有效地实施教学管理的创新。需要强调的是，教学管理信息系统同时也能助力高校之间的交流，这亦能对高校共同进步起到推动作用。

四、高校教学管理信息化的特点

（一）数字化特点

教学管理信息化的基石是数字化，它和计算机信息技术相结合，把原本复杂而烦琐的教学管理信息表达为简化的数字形式，这不仅使教育信息技术系统的设备使用更简便，也能保证其性能的稳定可靠。这种方式使教学管理对教师来说更加方便，有效提高了教学质量和效率，对于激发学生思维产生积极影响，并为教师的教学管理提供了科学依据。

（二）多媒化特点

现代社会，信息传播的普遍性对社会快速发展起到了决定性作用。知识的传播和应用是信息化发展的基石。信息化的教学管理突出了信息集成的高度，保证了信息设备一体化，并且使信息表达更加多元化。此外，信息化教学管理的知识化特点也非常明显。通过多媒体技术的运用，教学内容以动态、生动的方式呈现，教学资源包括动画、图片、文本等多种形式，使教学内容更加丰富多元化。针对学生的具体情况，通过多媒体技术进行因材施教，为学生的学习提供了便利。

（三）网络化特点

利用计算机资源实现信息资源的共享，并通过网络平台对教学环节进行整合，实现教学管理信息以及系统的交互。提高系统的人性化程度，保证通信的自然流畅，是高等教育教学管理信息化建设的明显标志。

五、中国高等教育教学管理信息化建设的发展轨迹

自起步以来,我国高校教学管理信息化建设经过了一个相当漫长的时期。其发展过程既与现代信息科技的应用和发展紧密联系,也不可或缺地依赖于我国高等教育行业自身的发展。根据其在各个时期的使用需求和构建目标的逐渐发展,再结合教学管理信息系统开发平台和应用环境的差异,可以把我国高校教学管理信息化的发展轨迹划分为以下几个阶段。

(一)以手动操作为主,辅以单机软件处理阶段

20世纪90年代初,我国的计算机软件和硬件设备极为匮乏,网络资源尤为缺乏,使大部分高校还依赖手动操作管理教学。虽然多数学校已着手尝试利用计算机进行教学管理,但主要用在基础应用如文档处理方面,应用范围并不广泛。随着美国微软公司推出的Windows 3.2中文版个人计算机视窗操作系统在我国的普及,一部分较先进的高校开始尝试使用FoxPro、Paradox等平面文件数据库开发系统,以开发具有专门功能的单机教学管理软件,协助管理学生的成绩或学籍等。由于这些开发系统本身存在局限性,它们的容错性和参照完整性都极其不足,更谈不上兼容性。此外,因为存储数据的平面文件在操作系统级别上有一定结构,所以很容易导致数据丢失或泄露,同时也容易受到计算机病毒的攻击,不能满足大数据处理和数据保密安全的需求。另外,个人计算机的平面文件数据库无法实现高效的数据共享和并发访问处理,使管理软件处理的信息处于孤立和单一的状态,所以,各部门的教学管理还需依赖大量的手动操作。在这个阶段,教学管理主要依赖手动操作,单机计算机管理软件只起辅助作用。

(二)单机处理与数据文件服务器共享相结合阶段

20世纪90年代下半叶,随着网络技术飞速发展,如微软的Windows NT和Novell的Netware等一批网络操作系统在各领域得到广泛应用。此外,微软推出的全新Windows95在个人计算机使用上也实现了前所未有的成功。这些因素都极大地促进了高校在探索从教学管理单机化信息处理向文件服务器式信息管理的转变。

在高校教学管理过程中,相关职能部门利用网络通信设备如集线器或交换机,建立了校园内的计算机网络系统,从而在一定区域内实现基础数据和文件的交换和共享,对于教育管理的信息资源实现了一定程度的整合和共享。在计算机网络环境中,信息的共享和交流主要基于单一数据文件共享方式,各部门会把各自的部分数据上传至文件服务器,供其他部门下载和使用,各部门按照给定的数据格式进行数据导入、导出,进而实行一种非实时、离线的数据交换方式。由于

没有采取中央服务器来统一储存、运行和管理数据库以供所有计算机终端进行访问,导致教育管理信息资源的通信效率偏低,各部门的计算机教育管理软件还停留在数据格式转换服务的阶段。此外,由于数据文件共享是离线式、非实时的,各部门管理的最新数据和其他部门已经访问过的共享数据常常出现不同步的情况,这导致信息不对称情况,同时也揭示了各部门独立管理数据的许多弊端。

(三)基于 Client/Server(客户端/服务器)架构的阶段

20 世纪 90 年代末期直至 21 世纪初,美国 Intel 公司推出 Pentium 3 和 Pentium 4 系列的芯片给服务器以及个人计算机的硬件首次全面升级的机会。继此之后,Oracle、SQL Server 及 DB2 等大型关系数据管理系统也广泛应用于各领域。Delphi、Power Builder 与 Visual Studio 等第三代可视化开发工具的推广,为高校的教学管理信息化全新架构平台开发提供了强大的技术支持。这种重要技术支持使 Client/Server 架构得以成形并在一些重要领域被大量使用。此架构帮助客户端和服务器端合理分配任务,降低了系统的总开销,同时提高了网络资源的利用效率,并发挥了两端硬件平台的优势。

诸多高校已经开始实行 Client/Server 模式的教育管理信息化建设,原因在于基于个人计算机处理和数据文件服务器共享的教育管理电子化处理方式已经无法满足高等院校的日常需求。

采用客户端/服务器架构的教育管理信息系统融合了诸多教学管理部门的运营需求和目标,精打细算地制定了教育管理信息系统所需要的主要功能,并着重强调了教学管理核心业务处理模块的功能实施,能够满足各个教学管理部门的使用需求。可以说,在教学管理信息化的道路上,它取得了傲人的成就。尽管如此,这种架构模式意味着每台使用教学管理信息系统的计算机必须加载特定的客户端软件,尤其是那些基于两层客户端/服务器架构的系统。大型数据库管理系统如 Oracle 的客户端连接程序常常是必备的,而架构的端口连接数据往往不能过多,从而使客户端/服务器架构的软件维护和管理费用高昂,限制了其服务对象的广度,如果想要提供更广泛的信息化服务,其不足就会显而易见。然而,基于客户端/服务器架构的教学管理信息系统的建立对高校教学管理信息的构建起到了推动作用,直到现在,其在高校教学管理信息化的构建和实施中,仍然扮演重要角色。

(四)以浏览器/网络服务器架构为主,客户端/服务器架构为辅的阶段

普遍使用的客户端/服务器模式促进了教学管理信息化建设的进步。但是,随着高校的迅速扩张,教学管理信息化所要服务的对象数量显著增长,同时,建设的目的和需求也从实现管理功能变化为教职工和学生提供更丰富的信息化服

务。若想使每一台计算机都能访问服务器数据需要安装特定的客户端软件，仅依靠客户端/服务器模式来为大量的教职工和学生提供广泛的教学信息服务变得极为困难。同样地，计算机领域互联网技术的上升和发展触发了客户端/服务器模式的改良和优化，浏览器/网络服务器模式因此诞生。在 Browser/Web Server 架构模式下，教学管理信息系统通常由客户端、Web 服务器和数据库服务器这三部分构建而成。得益于新兴的 Web 开发技术如 J2EE、NET 等的运用，大量的主要业务处理逻辑已经封装在 Web 服务器和数据库服务器端，少量的业务处理逻辑通过像 Java Script 这样的各种脚本语言封装在客户端。这种安排使用户仅需使用全新的用户界面——Web 浏览器，就能实现一些过去需要复杂的专门客户端软件才能实现的功能。并且，由于 Windows、Linux、Mactonish OS 等主流操作系统都已集成了 Web 浏览器，用户在 Browser/Web Server 架构下可以非常便捷地通过客户端访问服务器。只需客户端连通到校园网，即可轻松地通过 Web 浏览器进入教学管理信息系统。此外，如果校园网访问没有 IP 地址限制，那么任何一个连接到网络的设备都能随时访问这个系统。这种信息服务的覆盖范围无疑极为广泛，并且在这方面 Browser/Web Server 架构的优越性非常明显。从当前的技术开发视点来看，这个架构在某些方面也有美中不足之处，特别是处理大数据量、连续的用户访问、复杂的业务逻辑和数据汇总查询的能力，以及处理复杂报表的能力。一些基于这种架构的应用系统，其表现明显不如 Client/Server 架构。此外，这种架构是基于广域网或互联网，向所有用户开放，与以相对稳定的用户群体为目标的 Client/Server 架构相比，其差异显著。在信息安全管理能力方面，它也无法达到 Client/Server 架构的标准。在这些重要领域，教学管理信息系统的需求较高，因此，当前的主流做法是整合两种架构的优点，在外部使用 Browser/Web Server 架构主要提供广泛的信息互联服务，在内部使用 Client/Server 架构辅助实现集中的信息管理和维护。这种整合两种架构的做法为教学信息化建设提供了一种相对完善的解决方案。

第二节　高校教学管理信息化的发展趋势

一、现代教学管理的发展趋势

（一）教学管理的开放性更强

开放性可被诠释为系统在物质、能量、信息和人员方面与环境的互动。在信息化环境中，教学管理的开放性主要表现在教学管理环境和教学管理过程的开放上。

1. 教学管理环境的开放性

环境通常是指我们生活中所有外部因素的集合。而学校教学管理环境，则是指跟学校教学管理活动相关的各式各样的客观条件的集合。以利用信息高速公路搭建的现代信息科技为例，它已经改变了高校管理的旧有模式，同时优化了高校教学管理的环境。在信息化背景下，高校教学管理环境的透明度体现在高校管理所有信息的公开性。互联网已经变成了管理工作的重要助力，有许多由互联网支持的管理软件，如网上招聘系统、在线选课系统、在线就业系统、教务管理系统、多媒体教学系统等。高校内部的交流以及与外界的联系方式和手段日渐丰富，交流关系越来越紧密，越来越开放。学校行政管理部门以及教学管理部门与学校教师、学生间的距离在这个开放的环境下逐渐被拉近。

2. 教学管理过程的开放性

教学管理过程是一个有明确目标、多层级参与、双方共同行动并相互影响的能动过程，它是合理地利用教学资源并确保教学目标顺利实现的过程，它是有条理且可掌控的过程。在信息化环境下，教学管理过程的开放性主要体现在以下五个方面。

第一，学生的开放性。得益于信息技术的助力，高等教育更为多样，包括网络虚拟大学和远程教育等形式的兴起，使得高校入学的门槛得以降低。绝大多数高校向所有人开放，任何年龄层的公众只需具备一定的知识素养，就能通过考试或者免试等方式，进入不同的高等院校学习。

第二，教师的开放性。高校对全球打开大门，利用各种方法招揽人才，一名教师能够在多个机构任教。同时，教师的课件有限度地在网络上发布，校内的学生以及对此内容感兴趣的群众都能以特定的方式获取并学习，每个人都可借此享受这些资源，这在一定程度上体现了教师所在单位所有权的透明化。

第三，课程的开放性。高校提供的课程不只是服务于本校学生，其他高校的学生也可以接受，甚至可以通过网络向全球的学生提供课程。以美国麻省理工学院为例，它很早就开始为全球免费提供了超过一千种的课程。又如，本校的学生也有机会选择在其他高校就读课程，并通过特定方式实现学分转换。1999年，武汉地区的教育部直属的七所高校（武汉大学、华中科技大学、华中师范大学、武汉理工大学、中南财经政法大学、中国地质大学、华中农业大学）按照资源共享、优势互补、平等互利和共同进步的原则，签订了联合办学协议。协议明确指出学生可以在各校中选择辅修或第二专业学士学位学习，可以跨校选课，还实施了学分互认制度，也就是承认学生在其他学校修读并达到教学要求的课程，修读的课程完成后，可转为相应的课程学分。

第四，学籍管理的开放性。在教师的引导下，学生入学后有权自行决定要学习哪个专业、选择哪些课程，并在一定的规则约定下做出调整。

第五，教学过程的开放性。在信息化背景下，教学过程将转变为开放的系统。这得益于网络本身具有丰富的资源，方便的通信以及开放性甚至全球化的特征，这些优势使教学内容可以实时吸收最新的学术研究成果，整个教学活动也能与外部世界保持长期的互动。通过与虚拟世界的紧密联结，高校教学也会积极对接现实的外部环境，并实现信息的实时交互和共享。在开放系统中，教学活动不仅向学生传递和转化知识，更是利用丰富的资源教会他们学习的方法，并在此基础上创造新知。

在教学信息化和多元化的背景下，学生能够在此系统中自由"流动"。未来的教学系统不仅限于校园内，也不仅存在于互联网上，而是"由信息点、教室位置和学生个人区位构成的网络"。

（二）教学管理的合作性更强

在信息技术高速进步的驱动下，网络科技的日趋完善，使各国间、组织间、机构间以及个人间的沟通更便利。计算机一直被视为一种强化合作的途径和方法，随着合作逐渐增多，合作强度也将继续提高。信息流量的加大和流速的提升，以及全球网络的高密度，注定会瓦解各种机构、组织，甚至是国家之间的界限。从这个视点来看，合作已经成为国家、组织、机构、个人的常态，其中也包括高校的教学管理。

1. 高校教学管理与社会之间的合作

传统高校与社会的合作一直在进行，但由于以前通信与信息技术的限制，高校教学管理和社会之间的合作并不多，信息反应也比较慢，对合作的影响力与深度有所制约。然而，信息化的进步为高校与社会提供了良好的合作环境，通信及信息技术的迅猛发展使得高校与社会的联结日益紧密，合作的层次也日益提高，对于高校的教学管理尤其明显。从高校的角度看，社会对高校毕业生的素质、用人信息反馈、人才需求、资金投入、研究成果利用等方面都需要社会的协力参与；从社会的角度看，高校毕业证书的验证、人才需求规模和类型、高校研究成果的应用等亦需高校的积极响应和参与。如今很多高校和一些软件公司合作，开发适合学校教学管理的信息系统，同时这些企业也参与高校教学管理，汲取管理经验，用于自己的软件开发，这就是一个很好的例子。

2. 高校教学管理各部门之间的合作

随着教学运行效率和质量的提升，各大高校之间的协同合作越来越密切，尤其在信息时代背景下，这样的合作越加频繁。随着现代信息技术的发展，为各大高校间的互动和交流创建了新的路径。在传统的协作模式下，校际间大多是通过

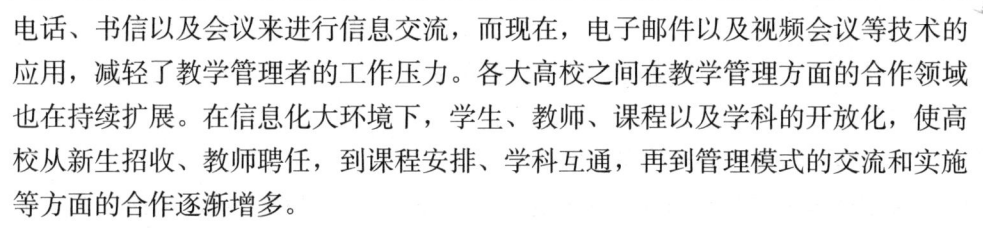

电话、书信以及会议来进行信息交流，而现在，电子邮件以及视频会议等技术的应用，减轻了教学管理者的工作压力。各大高校之间在教学管理方面的合作领域也在持续扩展。在信息化大环境下，学生、教师、课程以及学科的开放化，使高校从新生招收、教师聘任，到课程安排、学科互通，再到管理模式的交流和实施等方面的合作逐渐增多。

3. 教学管理部门与其他各管理部门的合作

高校的基本工作是教学，其中，教学管理是所有高校管理任务中最重要的，支撑着高校的全面管理工作。然而，发挥其核心作用还需要与校内其他管理部门紧密协作。这在数字化环境中更显著，教学管理部门与学校其他管理部门的协作主要表现在教学管理信息和其他资源的共享。例如，学生的管理由教务处和学生处等部门负责，教师的管理由教务部门、人事部门、科研部门、学术委员会等部门负责。这些部门在管理同一目标时，可能需要使用同样的数据资源。因此，不同的部门需要联合收集和组织数据，避免重复工作。另外，信息技术的广泛运用促进了高校各管理部门人员之间的合作，网络成为他们合作的重要工具。为处理紧急问题，一个部门可求援于其他管理部门，以履行职责。

（三）高校教学管理趋向柔性化

相比刚性管理，柔性管理采用了创新的方式。泰罗的科学管理模式是刚性管理的典型代表，这种管理方式主要依赖于规定和制度、纪律和强制措施来执行，其核心原理是根据明确的规章制度用权威进行程序化处理，其主要特点是"以规章制度为本"进行管理。相反，柔性管理是通过激励、触动、启迪、诱导等方式来进行，它依赖于组织共享的价值观和文化、精神环境来进行具人格化的管理。凭借信息技术，高校的教学管理呈现出柔性化趋势，这主要表现在教学管理机构的柔性转变和学生及教师管理的柔性变化。

1. 教学管理组织机构趋向柔性化

当前，高校的组织机构既庞大又复杂，其特点是具有多元化和模糊性。模糊学理论在教育管理模型中认识到，这种模糊性是学校和学院这样的大型组织的共性特点。尤其在社会快速发展和转型的背景下，这种模糊性更明显。该理论指出，高校并未设立明确的目标和具体的管理步骤，这不仅导致在管理人员的数量与稳定性上存在问题，决策结果也易受环境变化的影响。正是这一因素使组织管理行为表现为复杂而不确定的状态。当前高校正面临着信息科技迅速发展、管理环境剧烈变更的情况，传统的、僵硬的教学管理组织结构无法满足时代要求，而应转向更柔性的教学管理结构。这种柔性化主要体现在组织结构的灵活度和适应能力。首先，它体现在教学管理组织目标的调整上，可以随着信息化社会和高校的环境快速变化的要求而进行即时的调整和修正。其次，机构和员工的责任具有极高的灵活性。在环境持续变化的情况下，教学管理工作会面临多变的、无法预知的情况，这需要教学管理部门时刻做好临时组织处理的准备，并及时调整管理人员的职责。

2. 教师与学生的管理趋向柔性化

对于教师和学生的管理，需要采用灵活而非强制性的方式，这种方式基于对于他们的心理和行为模式的深入认识。这样做的目的是在教师和学生的心目中生成一种隐性的说服力，使他们自愿地将组织的意愿转化为自身的行为。教师作为高级知识分子，他们具有良好的逻辑思维，可以快速接受和理解新的知识和事物，他们既有独立的见解和观点，又有鲜明的个性。尤其是在信息化环境下，他们有能力迅速在互联网上获得必要的信息，对待事物有精确的判断能力。对于这样的群体，单靠规定的强行控制是无法奏效的。需要在尊重他们的价值观和认同他们的成就的基础上，提高他们的自我管理能力，并充分利用他们的智慧。例如，在教学过程中，不能强制所有的教师采用同样的教学方式，评估教师教学效果的标准也不能仅靠统一的量化或标准来评定。

在高校教育环境中，柔性化管理主要体现在以下三个方面：首先，要注重学生培养的多层次和多样性。在信息化时代，社会需要多种规格的人才，因此，高校育人的目的应当是培养出具有多重技能、多领域知识的人才，以满足社会的不同需求。其次，要实现课程设置的柔性化。面对信息化时代知识更新的高速度，高校培养计划必须能够满足时代的发展需求，构建灵活的教学计划，重视提升学生的实际能力，同时赋予学生选择权，让他们可以根据自身的兴趣爱好来决定学习路径，或者依据不同专业学生的具体需求设置不同的课程要求。最后，采用灵活的人才评估标准。不追求所有学生都能成为领军人物，但期待每个学生都能在自己的领域有所建树，因此，学校应当根据学生的不同类型设定不同的评价标准，运用多元化的评价方法。

3. 柔性管理在高校教学管理中的特点体现

第一，灵活性。柔性管理的首要特点就是灵活性。在高校教学管理中，使用柔性管理能够保障教师和学生之间的顺畅对话和互动，确保他们的言谈举止得当，并且更加重视规则的执行，秉持"以人为本"的理念，坚持"以学生为主体"的指导思想，使纪律执行更加人性化。学生也能积极参与到高质量的课堂教学中，提高他们的自我管理的意识。

第二，人性化。人性化是柔性管理的另一个显著特点。传统的教育管理模式通常实行严格的从上到下的"科学"式管理，不能随社会发展趋势而做出及时的调整。这在很大程度上限制了教师和学生的个性化发展，而在人性化的管理框架下，需要深度了解学生的多样性，并坚持因材施教的教育思想，以发掘他们的潜质。并且，在实施人性化管理的同时，不仅要保证学生的主体地位，还应承认教师的主导地位。

第三，多元化。多元化也是柔性管理的特点一。首先，体现在其主体的多元化。对学生、教师及学习内容进行全面的规划与考虑，以实现全面平衡，同时恪守"人本"原则，对教学过程中涉及的各元素进行协调与整合。其次，推动实现教学互动的多元化。在教师和学生之间，必须保证充分的互动。最后，促进形成多元化的知识传递方式，在教师和学生之间形成双向的知识循环交流模式，增强学生之间的互动，而教师则需要确保知识的传递和情感的交流，从而造成一个不断更新的动态教学管理过程。

（四）高校教学管理趋于虚拟化

在计算机科学的范畴里，有一种术语叫虚拟，主要指由软件驱动生成的实体，而非真实以物理形态存在的事物。例如，虚拟局域网（VLAN）或虚拟主机等。提到虚拟，与计算机定义中的解释较为一致，这意味着对应真实世界的某种概念，或者说，代表的是真实世界里不存在的事物。虚拟的另一种表述就是虚拟现实，这是依靠现代快速计算机等信息处理设备，利用相应软件系统和微电子传感技术模拟或创造出与现实世界一致、相似或不相似的仿真景观。在开发虚拟现实的过程中，主要关注用于模拟一部分真实世界的技术系统。虚拟现实是指一种在实际上表现出真实性但非事实上存在的事件或实体，它是完全由计算机生成的环境，在这个环境中，用户会在一个模拟了外部环境的数据结构中操作自有的数据。在信息化环境下，高等教育的教学管理的虚拟化主要涵盖管理事物的虚拟化、教学环境的虚拟化，以及教学资源的虚拟化。

1. 教学管理的主体和客体的虚拟化

所谓的管理主体，是指那些拥有并执行管理责任的个人或机构，这涵盖了各种级别和类型的领导者、管理者和各种形式的管理机构。在数字化环境下，教学管理主体的虚拟化则是利用计算机和网络来进行教学管理的实践，在此情况下，管理主体的每项管理都可以通过操控代表自身的数据来实现，而且，只需轻点鼠标，就可以处理指定的管理任务，从而呈现出虚拟化的形象。对于教学管理的客体或其他个人和机构，教学管理主体则是用计算机和网络所创造出来的产物，他们与之交流或受其管理的则是一台计算机或一个网络地址代码，以及一个角色标识，而非一个实际的人或机构。尽管教学管理主体是虚拟的，但它仍然可以执行教学管理任务。另外，教学管理的客体则是指那些在教学管理主体的认知和管理实务中的客观存在，在数字化环境下，教学管理的客体的虚拟化是相对于教学管理主体而言的，主要涉及了管理客体中的教师、学生以及机构的虚拟化。在网络环境下，教学管理主体所面对的客体，则是一系列的代码以及虚拟化的个体和符

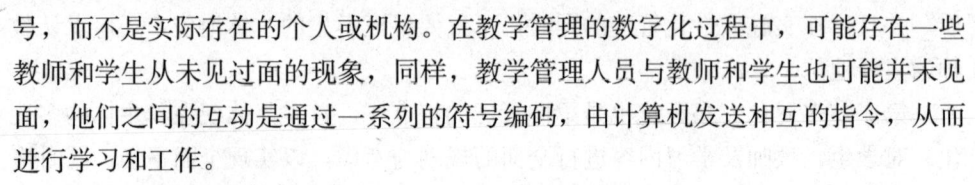

号，而不是实际存在的个人或机构。在教学管理的数字化过程中，可能存在一些教师和学生从未见过面的现象，同样，教学管理人员与教师和学生也可能并未见面，他们之间的互动是通过一系列的符号编码，由计算机发送相互的指令，从而进行学习和工作。

2. 教学管理环境的虚拟化

教学管理环境是其作为学校教学管理活动必备成分的所有客观环境的总和。在数字化时代，高校的教学管理环境以校园网络为基础，该网络进一步在互联网区域和实际物理空间的支撑下构建，构成了一个"虚拟现实"的无形信息空间。这种形态打破了传统的地域限制，人们在此虚拟网络空间中逐步发展出新的生活方式、行为规则和思考方式。高校在数字化时代的教学管理环境，就是这样一个无形的环境，它本身也是虚拟的。高校的综合教学管理系统和多媒体教室管理系统就是这种虚拟教学管理环境的典型例子。

3. 教学资源的虚拟化

教学资源是为教育活动提供的所有物资。高校传统上普遍使用的是实体的教学资源，然而，在数字化环境中，大量的教学资源能够通过计算机软件被模拟出来。在采用信息化教学管理过程中，可能会出现虚拟的校园、虚拟教室等场景；当教学资源或实验资源短缺时，可以运用软件模拟实验室、实验物品（例如，动物、电路板等以数码形式存在）、设备和实验环境（例如，模拟的宇宙和太空场景）；如果无法搭建实际的训练场所（例如，宇航员训练），可以整合计算机技术和其他技术来构建虚拟训练环境。

4. 教学管理的互动性更强

交互性的概念包括人对人、人对物、物对物的双向、无障碍的交流行为，这构成了网络重要特性之一。交互形式主要有同步和异步两类。同步交互需要双方在同一时间存在并能立即响应，异步交互则无须双方同时在线，反馈信息的时间可以延后。这种交互方式的理念也适用于教育机构的教学管理，即通过管理者与被管理者，以及他们之间或者被管理者自身的持续性双向沟通，以实现某项管理任务。传统的教学管理交互主要依赖同步交互，强调双方实时对话，并且在大部分场合，如提交报告或发送文本资料等，都需要双方面对面沟通。在信息化环境下，学校的管理平台提供了更多的交互选项，从而增强教育机构与被管理者之间的交互频率，丰富了交互方式，主要表现为异步交互的广泛应用。在管理主体之间发布信息或提出需求时，可以在网络上发布信息或给特定人留言，而不会干扰他人的工作，每个人都需要定期查看其他人的留言或信息并做出相应处理。无论是与管理对象之间，还是教学管理部门与外部，这种模式都能得到应用。

二、教学管理信息化的发展趋势

现代教学管理的发展,尤其是教学管理信息系统(Teaching Management of Information System,TMIS)在高校教学管理的广泛使用,使高校教学管理的信息化呈现以下发展趋势。

(一)数字化

在教学管理的实施过程中,一些量化数据,比如,课程的上课时长、教师的教学负担和学生的学业表现等,总体上更便于优化和监控。然而,还有大量的非量化数据,如来自高级管理层的指令、教育规划、教学效果、教师水平和教学质量等。这些教学管理的数据需要进行数字化处理,换句话说,就是把这些文字、图形和声音等形式的信息,转变为数字格式,以便输入、处理和传输。有了现代的信息系统,教学管理的各项工作都能以数字信息形式显示出来。过去,教务管理员需要亲自去各个教学部门收集的各类数据和报告,现在则由校园网络中的信息流来代替。只需将文件柜、卡片盒、笔记本里储存的文字类教学管理信息数字化,便很容易地进行排序、复制和存储。数字化的教学管理数据不仅减少了信息制作和储存的成本,更重要的是,把这些信息转换为数字形式后,校园网络的用户可以在任何地点、任何时间发送文件或者指示,而各部门也能直接从中央数据库中提取所需的数据,如此一来,就能加快信息传播速度,提高信息共享程度,提高信息使用效率。

(二)网络化

现代信息系统已经解决了教学管理信息传输的现代化问题。利用计算机网络,教学管理部门也顺利达到了信息交流和知识共享的目的。首先,我们通过建立基于C/S模式的教学管理网络平台将学校的各教学单位、教研室、教务处和相关的功能部门的计算机连接到校园网络上,以及应用于用户端的应用软件,以便进行文件传输、资源分享和信息查询。接下来,我们在校园内部建立了可以将所有院系和功能部门连接在一起的校园网。这个网络集成了教师管理、学生管理、教学计划管理、考试管理、课程管理和招生管理等子系统,使各系统之间的数据交换和流通成为可能。网络化的过程还包括建立局域网、校园网以及与全球互联网的全面连通。教学管理人员可以通过网络与大众进行直接交流,即时了解社会对人才的需求,并提供大学生职业指导等服务。通过利用内部网、校园网和全球互联网,高校的教学管理信息和社会信息资源已经实现了高度整合,从而使高校教学管理形成了内部联系紧密,与外界保持开放互动,形成了跨时空性的网络平台。

(三)智能化

现代社会中,通过运用多媒体、人工智能技术、数据储存技术,辅以计算机网络的支持,成功构建了一个以智能为主的教学管理系统。系统在设计过程中,充分利用了人工智能在推理机制方面的优点,通过数据储存理论和应用途径,实施模块化的设计方法,对分布于教学管理各环节的信息进行实时全面的管理。每个管理环节和业务均可单独运行,同时也提供了各子系统间的互联接口。例如,教学任务子系统与教学管理子系统,通过一款智能模块软件的应用,可以自动产生课程和考试的安排。信息系统通过使用高级编程语言,模仿人类思考的过程,进行逻辑推理,进而实现智能化的管理操作和决策运作。智能化的应用不仅提高了信息系统的评估和决策能力,也对含有大量不确定性、模糊性信息,以及非结构化决策过程的教学管理环节发挥了重要作用。

(四)扁平化

根据韦伯的理念,传统的教学管理系统是建立在多层结构的基础上,表现为一种权力,资源和信息是从上向下的垂直分布。然而,教学管理信息系统(TMIS)、校园网络和互联网等的应用,使教育管理的信息传播方式从垂直的架构变成了网络交互形式,由此简化中间管理层次,体现出教学管理的扁平化趋势。过度细节化和多层次的教学管理导致官僚主义、"官本位"理念大行其道,通过行政方式管理学术权力,导致教学管理效率低下。这种多层级的组织形态,惰性大,信息传递容易产生误差,无法推动组织学习,也难以将具有创新能力的人才安排在恰当的位置。扁平化的教学管理组织架构是大势所趋,同时信息技术已经提供了成熟的基础。这是因为:TMIS 和自动化设备能够承担大多数的教学管理工作;TMIS 的快速、便捷、交互式的信息传播方式,使管理的范围更广,一部分中间教学管理机构得以消弭;扁平化的教学管理组织架构能更好地激发基层教学管理工作人员的活力,为他们创造更广阔的发展空间。

(五)合作化

在以往的教学管理体系中,我们遵循了亚当·斯密的"分工带来效率"的理论,即将各种任务分配给专业的部门和员工,导致"一个人负责一项任务"的情况。然而,随着教学管理体系从垂直结构向网络连接结构过渡,这种专门化的分工方式已经不能满足新的管理需求。目前,教学管理人员需要掌握各种专业技能和知识,过去的教学管理结构的复杂性变为教学管理人员的知识技能结构的复杂性。教学管理信息系统(TMIS)覆盖全校各个教学部门、院系,为新的管理模式提供支持。新的管理模式要求突破传统的职位"界限",不再以教学管理功能为中心,而是以任务为导向,形成了各种任务网络。教学管理人员不再只是机械

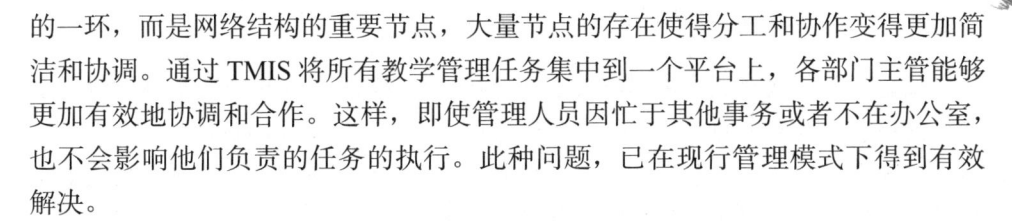

的一环，而是网络结构的重要节点，大量节点的存在使得分工和协作变得更加简洁和协调。通过TMIS将所有教学管理任务集中到一个平台上，各部门主管能够更加有效地协调和合作。这样，即使管理人员因忙于其他事务或者不在办公室，也不会影响他们负责的任务的执行。此种问题，已在现行管理模式下得到有效解决。

（六）虚拟化

所有教学管理的规范操作都可以通过计算机系统以及TMIS端点完成，使教学管理部门及其人员成为信息系统网络和计算机系统的一个单元。教学管理人员可以在校内或校外的任何地点执行各类管理决定和任务，并通过网络传送到所需位置。现在，教学管理不再依赖于大规模的实体结构，如固定的办公地点和时间，而是可以建立虚拟办公场所，使高校教学管理逐步虚拟化。教学管理机构的虚拟化，即该机构内部深度网络化的展现，通过在校园网络和互联网上运行的TMIS端点，将教学管理、管理人员与社会环境，以及教师和学生直接联系在一起。该方式将所需实体空间最大化地转变为数字信息，缩小了实体空间，从而提高了教学管理效率。这种虚拟化的教学管理功能并不固定，可以根据实际需求做出调整，服务对象和服务时间也可以进行扩展。

第三节 高校教学管理信息化新模式的构建

一、高校教学管理信息化新模式理论分析

（一）教学管理信息化新模式的内涵

高校教学管理的信息化新模式，意指在现代教育思想的推动下，寻找以资源和服务为出发点的教学管理模式。该模式依赖于教学资源和网络环境，利用信息管理的理论与方法作为操作方式，并以现代信息技术引领整个过程。充分考量环境因素和信息，以及组织和配置教学信息资源，构建了一个资源充裕的在线教学管理系统，即在线决策与学习、智能评估与导向的交互式的一体化系统。最终能够有效实施信息化的教学管理活动，并有效地达成预期的教学目标。教学管理的内容涵盖了教学计划管理、教学过程组织和管理、教学质量管理、教学行政管理和学科、专业、课程、教学团队的建设以及教学管理制度等。至于教学管理的手段，都广泛应用了以在线学习理论为基础的信息科技、网络技术与普适计算技术。

（二）教学管理信息化新模式构建的目标

构建教学管理信息化新模式的总目标包括：搭建一流的网络基础设施，全方位的信息化教学资源，数字化的教学与学习环境，数字化的管理手段和工作环境，实现完全的数字化学习、数字化教学、数字化科研和数字化管理，构建数字化的区域化协作与服务平台，创建全面数字化的校园生活空间，致力于教育的全面信息化和现代化，以此作为支撑创新人才培养的平台和必要条件。

概括地说，信息化服务支撑平台可被划分为四个子平台，即网络平台、共享平台、服务平台以及一体化的信息门户平台。服务平台包括学生思想工作管理平台、学科专业管理平台、数字化教学与学习服务平台、人才培养质量监控评价管理平台、资源管理平台、学生数据交流平台、网络学术创新平台、科技服务写作平台以及研究生学位论文在线管理平台等。

（三）教学管理信息化新模式构建的原则

1.理念先导、过程规范的原则

理念是控制行动的准则与信条，它影响管理者的举止，它是一种精神动力和价值期望。它不仅有激发人的功能，还有教化人、引导人与规范人的作用。

教学管理信息化新模式是一项复杂的信息技术工程，包含改变教育理念、建立网络和其他硬件系统、建设信息资源和管理平台等软件系统、建设以教学应用为核心的应用系统。在实施新模式的过程中，首先需要改变教育理念和教育体制以及教学模式，其次才是在信息化教育理论的引导下进行硬件的建设、资源的开发和多种应用系统的搭建。

在构建教学管理信息化新模式时，必须对项目的策划、方案设计、实施方向、验收反馈等步骤进行规范化，确保其能够作为信息工程的规划、设计、建设和验收的基本依据。有些学校在建设过程中缺乏规范，导致多种问题的产生，如设计架构的不合理、性价比过低、投资重叠、性能不稳和维护困难等。这些问题对教育教学的进步产生了极大影响。

2.整体规划、分步实施的原则

在构建教学管理信息化新模式时，应该符合全社会的信息化建设规划，实现上层规划引导下层规划，局部规划与总体规划协调一致，要实行分类指导、分层推进、分步实施，防止各方独立行事。

在构建教育信息化新模式时，首先要进行全方位的规划。学校的网络系统作为支撑信息化教学环境的重要设备，应该能够为教学、管理、日常办公以及内外交流提供一套全方位和有效的工具和服务。如果从信息技术与课程整合的角度来看，学校网络应该具备教师教学、学生学习、教务管理、信息资源、内外交流、辅助课程整合的教育设备管理和行政管理等功能。然而，这些功能无法全部一蹴而就，需要步步为营地根据学校财务状况、资金用途，以及使用者的技能和运用能力等进行策划，把大目标拆分成多个小目标，然后分阶段实行，最后实现整体目标。在建设过程中，应秉持经济效益和持续发展的兼容并进，根据学校的经济和应用状况来逐步推进，避免一次性全部完成，尽可能把有限的资金投入最重要的需求领域。

3. 应用推动、效益优先的原则

由于种种现实原因，如技术支持、财务状况和团队整体能力等，教学管理信息技术的发展仍较为被动。通过各校之间的资源共享，打造资源联盟，充分利用集团优势，积极研究探索资源建设的有效机制，有助于推动教学管理信息技术的应用发展，从而推动教育信息化进程，实现可持续发展。

建立教学管理信息化新模式应当考虑信息基础设施与信息资源这两个方向，构建目标与方式应当寻求基础设施投资的效益最大化。通过资源联盟的方式，可以降低软件资源的建设成本，进而走上节能的信息化路径，推动信息化应用的持续发展，以此来为构筑和谐教育体系做出贡献。

4. 资源共享、够用实用的原则

构建教学管理信息化新模式，需以信息资源共享作为起始和终结点。除了重视软件建设外，硬件以及技术力量也不容忽视，以实现"统一网络平台、统一标准规范、数据充分共享"。

在分配硬件和软件资源时需谨慎考虑，注重其在实际应用中的价值，并加强硬件与教育的结合，以此提升教育信息化的成效。明确的教育目标可防止盲目追求高端而造成不必要的浪费。在满足教学需求和实用性的原则下，设计适合学校需求的教学管理信息化新模式。

5. 配置标准、结构灵活的原则

在建立教学管理信息化新模式时，必须遵循相关的国际、国家和行业标准、规定，制订适当的硬件标准配置计划和软件实施计划，按照这些标准完成设计的需求，以便为未来的应用维护奠定基础。

随着信息科技的迅猛发展，信息系统框架必须拥有高度的灵活性，以确保未来的拓展和升级，满足各种业务持续进展的需求。

6. 系统稳定、技术成熟的原则

所有种类的硬件设备和软件系统必须以稳定运行作为基础，而且各种服务器需要符合 7×24 小时无停歇运行的规定。在网络、管理以及应用系统的可靠性上，必须使用容错性设计以确保整套系统的安全性、可信度及持续运行，为信息技术与课程整合提供强力支持。

需要利用公认并成熟的技术，以缩减建设成本、降低设计以及施工的复杂性，并缩短工程期限。不一味地在尖端的硬件项目开发上投入有限的资金，而应从国内外已有的成熟产品和方案中挑选适合自己需求的以充分利用，以规避低层次的重复建设。

二、高校教学管理信息化新模式构建的内容

（一）构建教学管理信息化标准制度

教学管理信息在高校需要在内外部进行交流和互换，就必须建立对应的体系，以实现信息共享。为了推动学校的信息化进程，首要任务应当是加大校园网络和图书馆信息化建设的力度，制定相关的改革方案和规定。要重视对教师和教学管理人员在信息应用、技术应用过程中的作用，制订教师和教学管理人员的信息技能培养计划，让经验丰富的教师和电脑技术员一起组织培训小组，为教师和教学管理人员提供操作、技能和问题解决方面的培训和指导。借助信息科技开发和设计教育课程软件，同时把教师和教学管理人员的信息技能程度作为他们晋升的评价标准之一。

（二）建立教学管理信息化首席信息官机制

高校应该从企业中吸取经验，创新管理机制和体制，建立高校教学管理信息化首席信息官机制。首席信息官由校级领导担任，直接参与高校的决策过程，对推动高校信息化的计划和规划负全责。如果缺乏首席信息官的组织保障，信息技术的运用只能称为"自动化"。技术与组织有效整合，是教学管理信息化的安全保障机制。可以说，教学管理信息化就是一种管理改革。

（三）有效整合目前的教育管理信息系统，避免"信息隔离"的现象出现

遵循"逐渐淘汰过时系统，各类系统并用"的原则，对目前使用中的各式教育管理信息系统实行有力整合。对于那些暂时不能淘汰的TMIS，根据教育部公布的《教育管理信息化标准》的数据格式来制定各种接口，避免信息遭遇孤立。这主要是针对不同供应商之间的接口、新旧版本间的接口，以及TMIS与学校网络中其他应用软件系统的接口。可以说，《教育管理信息化标准》就是保障信息通畅的交通规则。

（四）构建教学管理信息化新模式

在信息时代的挑战和创造的机会面前，我们需要不断对高校教学管理信息化进行创新。这需要将信息与通信技术（即ICT）和现代教学管理理论有效融合

的研究作为基础，旨在构建资源充足、具备在线决策功能和智能评价、决策导向功能一体化的交互式教学管理信息化新模式，从而实现教学管理信息化模式的创新。

1. 资源型模式的构建

以资源为基础的教学管理理论是教学管理信息化资源模式的核心思想，这一模式依赖于学校资源和网络环境，形成一个包含教学和管理功能的综合性系统。该模式基于教务和教学信息的标准化和规范化，针对信息资源做出合理布局，旨在服务于学生的学习及教师的教学工作，并将学校的事务管理网络化和信息化。该模式基于 Web 应用，无须客户端软件，具有强大的动态信息交互和信息通信能力。

（1）建立资源化教学管理的信息化模式的基本原则。

第一，必须全面策划并实施信息共享。该系统利用校园网络来实现信息资源的共享和跨平台的信息相互访问，着眼于不仅为全校各部门的信息资源共享服务，同时需要解决现在和未来可能建立的学生和教师的信息系统的资源共享问题。

第二，强调系统的包容性和扩展性。有效的系统需要具备高效的扩展和包容能力，使之能够融合并利用已存在的系统。同时，当应用需求发生变化（应用需求与系统开发无法保持同步）时，该系统需要提供一个优质平台以便进行调整、增加和更新。

第三，该系统的设计精简，易于使用和维护，特别适合非信息技术专业的人员进行操作。与此同时，它的设计能够全面满足日常办公需求，同时具有完备实用的功能，易于掌握，具有清晰友好的用户界面和很强的可扩展性。另外，它的网络结构简洁明了，层次分明，管理过程异常便利，并且易于扩充。

第四，稳定运行，保证信息安全。需要拥有安全且高效的信息传输手段、身份鉴定、权限审查链条，以此解决教务信息系统中的安全与保密问题，避免信息外泄和非法入侵。此外，要考虑与学校网络的安全系统进行整合，利用路由技术，设置防护系统以保护教务信息。

（2）资源型教学管理信息化模式的构建模型。资源型教学管理信息化模式的构建模型的主要组成部分包括宣传模块、办公模块、教学模块、学习模块以及其他资源模块。这个信息化支撑服务包括四个子平台，即网络平台、共享平台、服务平台以及统一的信息门户。而服务平台则包括学生思想管理、专业课程管理、数字化教学与学习服务、人才质量控制评价管理、人力资源管理、学生信息交换、在线学术创新、科技服务写作以及研究生论文在线管理等平台。

2. 功能的构想

正在构建中的教学管理信息化系统，具备以下功能。

（1）在线决策。搭建了一个涵盖全面、科学、理性及互相连接的在线决策系统。利用大规模的资源数据以及实时采集的数据，依赖人工智能模型和基于科学、具有标准化、全方位的评价体系，不仅有利于学校的教学管理和教学实施，也给教师的教学和学生的学习提供决策支持。

（2）智能评价。采用科学、规范、全方位的评价指标体系，不仅能即时评价教师的授课过程和成效，指引教师及时研究和提升教学水平与效果，也有助于学生利用教学信息平台检测、评价、诊断个人的学习状况，真正协助学生查漏补缺，以此激励学生快速调整学习策略、学习内容、学习技巧，明确努力的方向。另外，学校各级管理人员可以在宏观、微观层面对学校的教学质量、各专业年级学生的整体学习状态、各课程的教学效果、学生的学习情况等各项指数进行实时监控。依据《普通高等学校学生管理规定》，对学生的学业状态、政治思想、行为表现进行适时评价，包括动态评估、友好提醒和必要警示，以促进学生的成才和成长。

（3）决策导向。这一功能的核心是通过先进的智能评估系统以及丰富的资源系统，以职业种类、课程单元及其相关性的分析作为基础，旨在提高教学质量和效果，同时也提高人才的培养质量以及激励学生的学习积极性，为教师的教学、学生的学习以及学校的教学安排、实施和管理提供决策和导向。例如，它可以让学生根据自我实际需求和职业目标，参照职业对知识技能的要求和学校开设课程的相关性来安排学习课程；也可以基于学生的课程状况指导学生选择适合的职业以及修业的课程，或者引导他们调整学习方向；也可以通过了解学生的学习情况，对教学结果进行反馈，以引导教师调整和改善教学计划。

（4）立体交互。教学管理的信息化是一项宏大的系统工程，它的管理环节众多，环节之间的联系和关系复杂。各模块和子系统之间紧密相连，系统的三维结构完整，数据的流通畅通无阻，且数据标准、规范，能够实现各类数据的互动和分享。

第四节 教育信息化背景下高校教学管理机制构建的路径

一、加强信息化基础条件建设

一是要重视校园网建设。以校园网络平台为基础的教学管理信息化需要关注以下几点：首先，我们需要加大现有网络优化升级的力度，有效解决那些影响网络速度的问题。其次，我们需要与电信运营商保持良好沟通，协作解决跨网访问可能产生的困扰。再次，我们要提升网络管理团队的技术实力，"技术占三分，管理占七分"，如何管理网络将决定校园网络是否能够充分发挥其功能。由于网络是一个开放环境，充满各类潜在风险，网络建设完毕后如果管理不善，网络应用能力下降是常有的事。所以，学校必须增强网络管理团队的技术实力，并且应由技术精湛的高级人才负责整个网络管理团队，帮他们较好地维护整个学校网络，保证网络访问和数据传输的流畅与高效。最后，我们要定期为现有网络管理人员进行逐批培训，提升他们的技术水平，以便他们更好地服务校园网络的管理工作。

二是对整个学校的信息资源进行集中规划和建设，打造一个学校的数据中心。构建数据中心无疑可以提升资源分配效率，同时方便对资源进行集中维护和管理。

三是关于软件方面的建设，也就是教学管理信息系统功能的进一步改进和完善。前文已经强调了更加积极地深化与高校管理员、教职工和学生——也就是最终用户——的交流的重要性。进一步整合学校内部的软件开发专业技术能力，力争形成更具实力的技术开发团队，并增强各学院和部门之间的协作性。量力而行，将自主开发和技术引进相结合，学校在其能力范围内独立完成自己的任务，不足以完成的部分借助外部专业软件公司的技术支持来完成。总的来说，学校需要采取各种方式和手段，使软件的功能更完善，提高其运行的稳定性和可靠性，提升其智能水平，并增强其对决策的支持能力。

二、完善信息化建设组织构建，突出顶层设计

任何一项工作的实施和推进都依赖健全的领导组织机构的支持。高校的教学管理数字化建设是一个涵盖全校教学和人才培育的整体性工程，这并非一个单一的部门可以独立完成的工作，而是需要高校各有关部门齐心协力、各下属院校踊跃行动，以及众多的教学管理人员和教育工作者的热心参与。

在教学管理信息化建设中，必须有效整合各部门和人员，打造一个全面有效的信息化建设网络。为达此目的，领导层需要做好顶层设计以引领整个教学管理信息化工程，并建立健全的领导组织结构，以便协调和处理信息化建设过程中出现的各种问题。

采取自上而下的策略推进教学管理的信息化，体现出学校上层对这项工作的高度重视，这对于保障该工作的重要性及权威性至关重要。这在很大程度上排除了各部门、各二级学院、教学管理团队以及广大教师在执行这个任务时所遇到的难题。有了完善的领导组织机构，各部门、各二级学院在教学管理信息化建设中

的职责和任务将变得更清晰，这保障了各功能部门和二级学院之间的横向沟通以及部门和二级学院之间的纵向协调，从而在运行机制上消除在教学管理信息化建设过程中部门与部门之间、院系与院系之间的相互推诿。

学校领导层的全面规划与健全的组织机构，确保教学管理信息化建设不受任何个别领导的决策影响，而是学校决策部门共同探讨的集体决定。这种做法确保了在一段相对长的时间里教学管理信息化建设的政策连贯性和完整性，有效防止了由于个别领导更换而导致整体教学管理信息化建设受阻。

三、加强宣传，鼓励全体教学人员积极参与

高校教学管理信息化建设是为教学管理人员、教师以及学生提供服务。为了达到理想的效果，不仅需要各功能部门和二级学院的主动贯彻落实，也需要全体基层教职员工的主动参与。

目前，在教学管理信息化建设的进程中，由于许多教师和工作人员仍习惯于传统的管理方式和管理理念，他们对教学管理信息系统的接纳程度不高，对信息化建设缺乏重视，甚至产生疑虑和反感。为了转变这种不利情况，各高校应多方面宣传信息化建设的重要性，倡导教师和工作人员认识到其重要性，并积极接受他们关于信息化建设的意见和建议，让他们深感学校对他们的重视和尊重，进而更愿意投身于教学管理信息化建设中。

一方面，不能仅通过发布文件或公告来宣传，这种枯燥无味的做法往往使大多数教职员工觉得被强制参与教学管理信息化建设，宣传成效微乎其微，甚至会起反作用。所有高校都应该通过激励性政策，为那些在教学管理信息化建设中表现出色的教职员工提供适当的奖励。通过大力宣传积极分子使用教学管理信息系统的良好感受，激发全员的积极性。通过小范围的典型人物来带动大部分人，让大家充分理解教学管理信息化建设的意义，理解使用教学管理信息系统能为他们的工作和学习带来的便捷，引导所有教职员工积极参与到教学管理信息化建设中。

另一方面，各高校应当认真对待大部分教职人员在加入教学管理信息化建设时提供的意见和建议，并适时给出积极的反馈。例如，在教学管理信息系统的试用推荐环节，必须及时根据大部分教职人员的试用体验做出必要的改进；在系统正式启用后，也应在运行和维护过程中不断收集大部分教职人员的反馈意见，通过对系统的及时维护升级，优化系统的各种功能。

四、完善与教学管理信息化相关的配套体系

当前，中国部分高校在推进教育信息化建设过程中，积极推行教学管理信息

系统的开发和建设，但对应的配套制度搭建相对缓慢。这种状况直接导致信息系统在操作过程中出现不规范使用的不良现象，由此影响了教学运行数据的真实性和有用性，同时对教学管理信息系统的运行带来了不良后果。因此，在推行教学信息化建设过程中，仍需做好教学管理信息化相关配套制度的优化和完善。

从教学管理信息系统的技术实施层面来看，需要制定统一标准的系统运行的数据信息编码规则。这样可以确保教学数据处理的一致性和规范性，并防止数据格式的混乱和数据内容的含义模糊，避免影响系统运行阶段后的数据统计分析。

从教学管理信息系统的运作管理层面来看，建立教学管理的各种配套规章制度，能够对教学管理信息的运用实行适当的规范与限制，以确保教学管理信息系统的运行规范、透明和公正。对于教学管理的各类服务事项，建立相关规定和流程，有利于相应服务信息的外部发布和监督，推动教学管理信息化建设规范、有序持续和平稳地开展。

五、进行深入研究，建立适合的教学管理信息系统

创建教学管理信息系统是教学管理信息化建设的核心环节，也是至关重要的基础工作。所有的技术目标都需要通过该系统实现和支撑。因此，只有做好教学管理信息系统的创建，并确保其科学、合理、先进以及运行良好，才能保证教学管理信息化建设取得良好成效。相反，若教学管理信息系统出现问题，将对教学管理信息化建设产生明显的负面影响。

构建教学管理信息系统是一项既费时又耗力的大项目，并非一蹴而就，因此，对教学管理信息化的规划和实施需谨慎对待。为确保信息系统能适应教学管理的需求并带来积极效果，避免在建设过程中对人力、财力和时间的过度消耗，必须在系统创建初期进行深入的研究和合理规划，防止盲目投入。

在教学管理信息系统构建之初做足功课并深度探究。首先，需要精确理解和科学总结学校的定位、教学管理方式及流程，同时对学校的教育资源进行全面的统计和深入分析，这样能够确保对学校的全局状况有清晰的认知。其次，关于教学管理信息系统软件平台的构建途径，尽管我国仅有部分高校选择自主研发，但大多数高校更倾向于采购商业化的软件系统。因此，针对后者，更需要充分比较现有商业软件系统的功能与学校的教学管理实际运作情况，并对软件进行全方位测试。即便这意味着在初始阶段会投入更多的时间来进行调查研究，但要绝对避免购买的软件系统与学校实际管理需求不一致。

随着国家和社会对人才的要求越来越高，各高校的人才培养目标也做出相应的调整。因此，教学管理并非一成不变，而是一个不断进步、发展的过程。在建立教学管理信息系统的过程中，需要进行适当的规划。尽管无法预见学校未来的

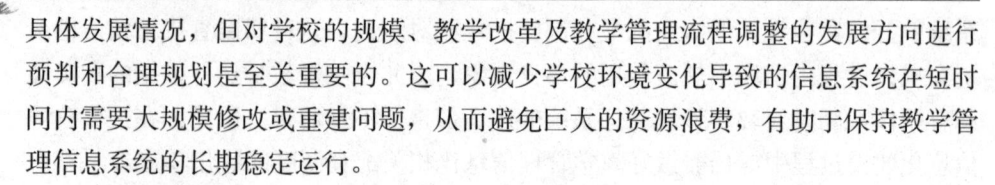

具体发展情况，但对学校的规模、教学改革及教学管理流程调整的发展方向进行预判和合理规划是至关重要的。这可以减少学校环境变化导致的信息系统在短时间内需要大规模修改或重建问题，从而避免巨大的资源浪费，有助于保持教学管理信息系统的长期稳定运行。

六、加强教育训练，增强教职员工参与信息化建设的能力

高校教职员工不仅是学校教学管理信息系统建设的主要参与者，也是最大受益者。他们只有充分而准确地使用最新的教学管理信息系统，该系统才能有效地运行。他们也需要主动并规范地执行新的教学管理制度，以确保制度的有效实施。所以，他们在信息化建设中的参与程度在很大程度上决定了教学管理信息化建设能达到的水平。为了克服当前高校教职员工在参与信息化建设方面的能力不足问题，强化他们在信息技术应用技能和信息素养方面的培训是至关重要的。

高校教学管理工作人员一方面包括在学校教学行政部门工作的人员，同时也包括各个基层教学单位的教学管理工作人员。他们不仅是教学管理信息化建设的最大受益者，同时也是积极参与并推动教学管理信息化建设的核心队伍。教学管理信息化的实施对教育管理的信息化整体素质提出了新的要求，这个团队的信息技术和素质的提升程度及其稳定性，将直接决定教育管理的水平和信息化建设的效果。重点加强教学管理团队的信息技术和信息素质的培训，在教学管理工作人员熟悉了学校教学管理规定和流程以后，强化他们对信息化管理的适应性，让他们能熟练运用信息技术处理各种复杂的教学管理事项。高校的教学管理工作繁杂且需要处理的问题众多，教学管理工作人员想要胜任工作必须经历持久的工作实践。人员变动是任何团队建设过程中不可避免的问题，教学管理团队人员的发展和变化也是正常的，然而教学管理信息化建设需要一批信息素质好、信息技术使用能力强，同时具备实际教学管理经验的人才，因此，保持教学管理团队的整体信息化素质的稳定发展是非常重要的。要想保持团队的稳定性，必须依赖对教学管理人员的持续的强化培训。

对于高校普通的教学团队来说，他们的信息技术运用能力及信息素养高低，都会对教学管理信息化进程产生显著影响。目前，大部分高校的规模已经明显扩大，与之对应的教学团队也相应增大，一部分教师还难以适应信息化教学环境。因此，有必要实施全员信息化教学培训。一方面，让那些深受传统教育思想影响的教师尽快接纳现代教学理念，促使他们形成信息化教育理念，努力弥补他们在信息素养方面的不足，并培养他们主动利用教学管理信息系统进行教学工作的习惯；另一方面，全力为那些信息技术应用水平较低的教师提供多元化信息技能使用培训，尽力提升他们利用教学管理信息系统处理各类教学事务的能力。

高校对广大教职员工信息素养以及信息技术应用能力的培养，可以提高他们在教学管理信息化建设中的参与能力，保证教学管理信息化建设的深入实施，确保教学管理信息化的全面落实。

第五节　新媒体环境下高校教学管理信息化的延伸发展

教育管理作为高校的基础任务和重中之重，对教学水平和管理能力产生深远影响。新媒体时代，互联网信息技术的普及为现行教育管理带来了新的挑战和机遇。媒体是指能够载负、处理和传递信息的平台或设备。如果某种媒体被用以教育目的，作为传达教育信息的手段，那么它就被看作是教学媒体。近年来，计算机多媒体和计算机网络的用户交互功能，合并了声音、图案、文本、图片和颜色等多种有刺激性的教学方法，带来了教学过程的翻天覆地的变化。这些新型媒体携带大量的信息，传输快捷，交互性极强，从而全面改变了传统的教学模式和学习方式。

一、新媒体的界定及其特点

（一）新媒体的界定

对于新媒体的精准概念，目前并未形成统一结论，美国《连线》杂志将其定义为"所有人对所有人的传播"。同时，熊澄宇教授则坚称："新媒体的主要特性和传统媒体应该有所不同，否则只能算是老旧模式的改良或改进提高。"新媒体是针对传统的报纸、广播、电视等媒体衍生出的全新媒介，它使用数字科技、网络科技、移动科技，并借助互联网、无线和有线网络，通过计算机、手机、数字电视等终端向受众传达信息和娱乐。新媒体表现出互动性和实时性、海量资料和共享性、多媒体和超文本，以及个性化和社群化的特质。

（二）新媒体传播的特点

新媒体的传播与传统媒体相比，呈现出以下新特点。

其一，新媒体的传播利用多媒体方式进行全面的信息扩散，通过网络的新媒体采用文字、图像、音频、视频和其他形式，从各个视角、全方位地向受众展示事件的真实面貌。

其二，新媒体的传播方式已经转变为面向各类受众，实施"私人订制"和"单向直达"的传播模式，按照特定媒体观众群的需求设定符合他们使用的传播策略以及方式。

其三，新媒体的信息传递方式可以不受时间和地点的影响，通过其广泛应用的设备，比如，手机、互联网和楼宇电视等，使听众能在任何时间主动或被动地参与到传播活动中，这便展现了一种具有高度渗透力的传播方式。

其四，新媒体的宣传始终体现出其强烈的技术倾向，无论是对于互联网、手机还是数字电视，新媒体的传播性质始终基于技术的支持，这一点也意味着接收者必须具备相应的新媒体操作技能。

其五，新媒体传播具有明显的交互性，反应速度快，实时性强，并能多角度展现受众的想法。

二、新媒体环境的不断完善

高校对新媒体的大规模接纳和普遍运用对教师与学生的交流模式、学生的互动，甚至和老师之间的沟通方式产生了显著影响，从而进一步更新了高校的教学模式。然而，对于许多高校来说，无论教职工还是学生，都没有做好应对新媒体带来的这些改变的充足准备。为了让教师和学生能够适应新媒体在教学过程中的运用，优化新媒体环境，提升教学效率，提高教育质量，我们必须持续更新观念并加大改革力度。

首先，教育工作者需要更新观念，提高对互动性媒体和互联网媒体的应用水平。在授课前，教师需精通新媒体如电子白板各项功能的使用，熟练掌握电子笔以及各工具栏的用法，强调其互动性，在设计教学活动时能够主动将白板的互动性融入自己的教育设计理念中，而非仅将其视为一种高级黑板或演示工具。

其次，全力推进网络支持的教学方式，激励教学方法的创新。努力发展网络课程，确保教学资源数字化和教程互动网络化，不断深化教育教学资料库的建设，并把学院专业、教学团队、优质课程和教学资源的建设成果融合在一起，全面动态地展示高等教育的教学成果以提高影响力。

再次，进行新媒体专题训练，开展新媒体设置下的教育交流，扩大新媒体教育场域的开放程度。

最后，积极增添"网络教学资源库"项目，帮助教师和学生自主寻找所需的资源。通过"网络教学资源库"进行高效的资源和成果管理、融合和共享，将现有的计算机辅助教学（Computer Aided Instruction，CAI）课件、音频视频文件、已经立项建设的优质课程资源等上传至网络教学资源库。通过训练等途径对网络教学资源进行展示和推广，介绍查找、搜索、下载资源的方法，鼓励教师利用网络教学资源库辅助备课，引导学生浏览资源，拓宽视野，进一步提高资源的使用效率。

三、高校新媒体教学环境构建与管理

随着现代技术的应用，具有代表性的多媒体教室的建设和使用在高校越来越广泛。建造多媒体教室不仅可以提高教学效率和质量，还创新了传统的教育模式。现在，教育领域亟须探究和解决的问题是如何在满足教学需求的同时，有效、合理、安全和科学地建立并管理多媒体教室，以确保多媒体教学的正常进行。

（一）多媒体教室构建的原则

一是实用性。主要建造目标是实用有效，只有在使用方便、转换流畅、表现良好的情况下，才能充分发挥设备的作用。

二是稳定性。系统建设的设计原则首先考虑的关键因素是人机安全和设备的持续稳定性，以确保系统在运行过程中能够为用户提供安全防护和优质的服务管理，同时有效地提供技术支持，降低用户在系统运行过程中的人力和财务成本。

三是兼容性。能够适配来自不同生产商、不同类型的相同种类设备。

四是先进性。设备选择应顺应科技的进步趋势，尤其是核心控制软件应充分展示系统的领先优势。

五是扩展性。多媒体教室能否与互联网相接，能否利用教室外的教育资源，是评定其拓展能力的主要标准。

六是安全性。鉴于多媒体教室使用场景的多样性，如学生在课余时间会利用教室但不使用设备。为保障设备的安全，应按照设备的规格特点设计操作台，并且需保证其具有防破坏和抗火性能。

七是便捷性。对比过去教师授课前后需要投入大量时间操控设备的困扰，现在可以通过一键关机或远端控制关机（利用继电器依照设备的操作步骤来设定设备启闭时间），使得讲师操作更灵活。

八是经济性。系统构建及设备选择应专注于实用功能，减少总投资，以实现高效与经济的最佳结合。必须尽力达成设备效率与价值之间最优的性价比，从学校教学管理的实际需求出发，不盲目追求高大上。

（二）多媒体教室的构建

建设多媒体教室时，应依照一定的原则，科学且合理地选取设备。设计多媒体操作台应考虑学科需求以及预计建立的多媒体教室的位置、形状、大小、座位数，从而更集中地构建多媒体教室。从管理形式来看，多媒体教室可划分为单机型和网络管理型两种。

1. 单机型多媒体教室的构建

单机型适用于分布较广的多媒体教室，或者对设备需求不高的某些学科的多媒体教学。

（1）电子书写屏。借助电子书写屏，打破了对显示器的依赖，还替代了黑板的常规功能。众多现有的主流产品涵盖了伯乐和鸿合等，它们具有同屏操作、同步显示、多种书写笔、自动版式排列、文件修订、手写输入、动态标签以及后续编辑等主力功能。依赖电子书写屏的应用有助于防止多媒体教室设备受到粉笔灰尘过多引起的故障，比如，由于尘埃导致的投影机频繁关闭，以及由于灰尘积聚而对液晶投影机的液晶板产生的物理性损害。与此同时，还为教育人员提供了清洁的教学环境，对教师的身心健康产生积极影响。

（2）中央控制系统。通过手动调整延迟功能的中央控制系统，可以事先设置时间来控制投影机、扬声器、投影帷幕、电脑等设备的开启和关闭，以确保对投影机的充足散热，进一步延长投影机的球泡和液晶面板的使用寿命。同时，避免同时给多个设备通电和断电，防止对设备自身造成的损坏。

（3）投影机。根据多媒体教室的大小，选购有各种亮度和对比度的知名液晶投影机品牌。通常而言，投影机的价格会因亮度和对比度的增加而递增。多媒体教室使用的主要消耗品是投影灯泡，因此，选择知名的投影机品牌可以有效避免购买灯泡的问题，保证设备的质量。同样，还需注意选择具有高耐用性和灯泡亮度持久的 UHP 冷光源灯泡的投影机。

（4）扩音系统。在挑选声音放大系统时，要考虑到多媒体教室的大小、形状以及教学音效环境的需求，推荐使用无线麦克风，这样教师在讲解过程中能更自如地运用体态语言。现行的声音扩大装置主要有壁挂式和集成式两种，它们都配备了线路输入功能，能够满足相应电子音源放大的需要。有些高校的多媒体教室选用了移频增音器，让教师在短距离内自由行动，无须手拿麦克风，尽管如此，这种做法过度降低了高频和低频，扩音效果也不是很理想。

（5）操作台。应以设备的标准规格为基础，运用科学、合理的方法定制和设计操作台，保证其使用的便捷性，同时也需考虑防止被盗的因素。操作台的门锁使用的是电子控制锁，可以通过中央操作器进行一键式的解锁和上锁，如此一来，打开即可使用，关闭便可离开，大幅减少了教师的操作步骤。

2. 网络管理型多媒体教室的构建

网络管理型多媒体教育空间适用于多媒体教室密集的地方，可依据各学科需求来创建不同功能的多媒体教室。其设备配置与单机型多媒体教室有所区别，主要是利用网络中枢控制系统，可以进行网络远程操控和就地操控，并增设了监控系统。其相关的功能如下。

（1）中央控制系统。将网络管理型多媒体教室运用在网络中央控制系统上，该系统集成了教室网络控制和总控制软件。它是一个高度集成、接口丰富且功能强大的系统。这个系统配备网络接口和 TCP/IP 技术，可以与校园网进行连接，以达到远程集中管理的目的。此外，它还提供了网络、软件和手动面板三种不同的操作方式供用户选择，并设有延迟功能以防设备在断电时遭受损害。

（2）操作台。操作台的设计与定制过程也和单人多媒体教室一样，都是根据设备规格来合理地进行如教学设备接口的安装，目的在于使用更加方便，并且也考虑到了防盗需求。通过网络或本地，都可以开启操作台的门锁，也就是那些与中控系统联动的锁。配合多设备之间的联动，可以实现系统的一键开关机功能，插上即可使用，关机后无须其他操作即可离开，这使其使用更简单方便。

（3）监控点播系统。管理人员可以借助监控系统的助力，远程获知教学进展，相应的控制软件也让教师使用的计算机屏幕内容与授课音视频同步录制成为可能，进而通过此系统实行实时的点播和转播服务。

（4）对讲系统。利用对讲系统有利于迅速发现并处理问题。现在有许多类型的对讲系统，如双工对讲系统、半双工对讲系统、以电话方式进行的对讲系统、网络 IP 电话方式等。

（三）多媒体教室的管理

当前，高校教育基本建设日新月异，数字化教室的数量也逐步增多，唯有持续完善多媒体教室的管理，才能确保数字化教学的顺利实施。

1. 管理制度建设

随着教育技术与课程的不断深度融合，教师运用多媒体教室的需求逐渐提升。然而，教师在教育技术运用层面的熟练程度却各不相同。因此，制定与实际情况相适应的管理制度以及规范多媒体教学方式的必要性日趋凸显。主要考虑以下六个方面。

（1）对于多媒体教室设备的使用，需要提前预约，以便进行统一规划与安排。

（2）授课人员须按照操作规程使用该系统，不能擅自移动设备或者改变线路，且不相关的人员不能碰触这些多媒体设备。

（3）禁止在计算机内设置互补金属氧化物半导体（CMOS）密码或开机密码，以及修改和删除原始的 CMOS 参数和应用程序。

（4）在课间休息期间，应当切断投影机的电源，这样能有效延长其使用寿命。

（5）课后教师应按操作规程退出系统。

（6）课后教师应填写使用登记表。

2. 管理系统建设

从目前广为依赖的手动分配多媒体教室方式转向在线预约，推出适合学校具体情况的多媒体教学管理系统，创建包含多媒体教室教学及网络控制的管理系统，并实行智能预约，这将大大提升对多媒体教学的管理效率。

在执行多媒体教室的网络管理控制时，控制中心可以运用系统来操控教室内的相应设备，实现设定功能，并能实时与任课教师沟通，以保障教学的正常运行。现在，制造此类系统的国内厂商繁多，需要根据教学的实际需求，进行多方面的考察论证，选择一套适合本校的多媒体教学系统。采用多媒体教室网络控制管理系统能加速问题的识别和解决。该系统提供了便捷、直观和高效的管理方法，解决了由于多媒体教室数量增长带来的管理难度和人力紧张问题。

3. 管理人员建设

在多媒体教室管理的过程中，必须高度重视人才建设的重要性，同时突出"以人为本"的理念。在改善多媒体教室的设备设施的同时，关注并加以重视管理技术人员的培训和发展。管理技术人员是实现多媒体教室建设的骨干力量，他们在确保多媒体教学的顺利进行和维护教育技术与课程的融合上起决定性作用。因为高校各学科教师对多媒体技术的掌握程度不一，所以，管理人员的任务不仅是建设和管好多媒体教室，他们还需要根据教师的具体需求提供相应的多媒体技术培训，以便更加有效地服务于教师与教学工作。

积极引进具有高学历及高级专业技能的人才，期待他们的加入可以提升我们的管理技术团队的知识素质。同时，制订对现有技术人员的培训计划，定期派他们到国内重点院校进修，重视新技术的掌握和应用，从而提高他们的专业技能和实践能力，以满足技术更新和多媒体教学的需要。确保最大限度地利用和发挥管理技术团队的潜能，合理利用人才资源，大力激发员工积极性。与此同时，加强对员工的考核力度，建立全面的考核制度，进而提升团队整体素质，造就一支具有较高专业素质、敬业奉献并团结合作的管理技术团队，从而为学校的教学研究工作做出积极贡献。只有不断优化组织架构，提高员工素质，构建高质量的管理技术团队，才能最大限度地利用现代信息技术；同时，通过建设多媒体教室，获取实践经验，进一步完善多媒体教室的设施，从而为教学工作提供更高效的服务。

4. 管理方式建设

多媒体教室的操作人员众多，操作技能各不相同，使用的频次也很高。因此，依据不同的设备配置，运用合适的管理方式是至关重要的，这能使管理资源的配置得到最优化。

（1）独立操作模式。这是一种在教师掌握多媒体技术及设备操作程序后，由他们自己对所使用的多媒体设备进行维护的管理模式。在每个新学期开始，根据各个多媒体教室的设备状况，对教师进行技术培训，培训内容涵盖多媒体教室使用准则、操作规范以及多媒体基础知识等，培训结束发放对应的认证证书。在设备开始使用的一段时间内，管理人员亲临现场进行跟踪，记录教师的操控能力，接着有针对性地进行进一步培训。对于具备独立操作能力的教师，他们会获得独立操作证书，可以在独立操作模式下使用多媒体教室，只需在授课前去指定的地方取走相关钥匙，设备的开启和关闭由教师独立完成。在独立操作过程中，管理人员需要强化对多媒体设备课后的维护工作，将每次的检查结果做好记录，并及时解决出现的问题，确保设备的正常运转。独立操作模式适用于相对分散的和那些无法或不宜安装管理系统的多媒体教室。推行这项措施能有效地减轻管理人员的负担，但需要相关职能部门的配合支持。

（2）服务式管理。采取一种全方位服务的管理方式对装有监测系统的多媒体教室进行网络管理。这种方式消除了教师对设备开关的考虑，由校园网络管理系统提前 5~10 分钟统一开启如投影机、计算机、展示台等教学设备，教师只需按时开展教学即可。管理者依赖监测系统全程监控设备使用情况，并在课程结束，检查设备硬件并关闭设备和操作台。在管理过程中，无论是全方位服务还是自助式服务的管理方式，都应着重于改善设备管理，增强巡查力度，进行有效记录，以对设备使用状况、投影机灯泡运行时间有实时了解，定时还原计算机系统等。这不仅给教师使用多媒体带来极大便利，提高了工作效率，也展示了管理围绕教学这一理念。多媒体教室的建设和管理是一项复杂的工程，科学、先进的管理步骤是它正常运行的基本保障，管理者需要在实践中不断探索，随时保持交流，以教学为本，完善管理机制，最大限度地保证多媒体教学的顺利开展，推动技术与课程的整合。

四、新媒体环境下高校教学管理的创新路径

（一）创新教育管理理念和观念

若要进行教学管理体系和规章制度的创新，就必须转变管理理念并创新观念。

首先，树立创新意识。教育管理人员必须增强对于管理理念的分析与探讨，解析过时的教育理念带来的负面影响，从心底深处摒弃陈旧的教育理念，始终保持接纳新事物、适应新时代的心态和精神。同时，应该积极吸收新媒体时代的新思想、新精神，在高校教育管理的改革和创新过程中确立坚定的方向和目标。

其次，拥有坚毅的决心和毅力，以持之以恒的热诚投入教育体制的改革和创新中。而且，需保持良好的心理状态和无惧困难的品质，始终保持着为教育管理创新的奋进精神。

最后，领导者必须适应时代的发展，积极掌握新的科技知识，尤其是要构建

更多的信息技术支持的管理平台和系统，持续提升自己的科学思维能力，以满足时代发展的需要。

（二）通过课堂开发为学生创造良好的发展环境

高校教学管理创新改革主要是为了给学生创造良好的学习环境和提供足够的实践机会，以便学生能获得更丰富的知识和技能。为了达到这一目的，课堂教学改革的重要性不言而喻。秉持以学生为本的教育教学理念，为他们创设充分的自我发展空间和自主时间，以激发他们的创新思维和想象力。例如，倡导开放式课堂的理念，融入更多以互联网信息技术为驱动的教学模式，增强学生和教师在学习和教学上的灵活性。在保证教师和教学内容稳定性的同时，也可以与其他学校合作，以提升教学团队的实力。学生在完成专业课程要求的同时，可以根据个人兴趣选择课程，开阔知识领域，进而找到更符合自己喜好或兴趣的学识领域。

（三）对高校教育管理的内容进行创新

高校教育管理的创新改革的关键在于以科研和先进的管理理念为基础，持之以恒地创新和改革教育管理体系，诸如日常教学、实践实习、教学评价、学生和教师管理等环节。在教学评价和反馈环节，大部分高校采用的是按照学年评分或者全部学分制度来对学生的学习效果进行评价，这种评分方式比较单一，不利于培养学生的综合素质。因此，可以加入更多的创新元素，比如评估学生在校园活动中的创新思维、行为表现，或者在实验竞赛中的突出表现，以及自发组织的有意义的活动等，乃至可以包括在校外取得的成绩，等等，都可以纳入学生评价的范围。同时，建立学校网络评估平台和系统，用于展示更多优秀生的成果和良好表现，通过信息推送、微信公众平台等方式进行传播，以此激励更多学生积极向上。当然，教育管理体系包含诸多方面，不能一蹴而就，管理者需要不断探索和实践，找出适合目前校园教育情况的创新发展方向。

（四）引进先进的科学管理方法

在新媒体背景下，科技成为多行业的服务工具，无论企业发展、机器生产还是管理体系的创新，都离不开先进科技的赋能以提升运作效益与质量。高校教育所追求的，是助力国家培养更多能适应科技产业的人才，因此，在管理手段方面亦需辅以科学技术的支持。新兴的电子化、智能化、数据化及信息化管理手段，可以为高校教育管理机制及制度的创新改革提供必备的实施条件。例如，高校利用智能化和数据化的属性，不仅能构建准确公正的评估系统，实现信息共享，同时也能对本校专业的教育情况进行实时监督和检查，为管理者提供精准数据。前沿的科学管理方法，能使高校的教育管理更上一层楼并自我完善管理工作，大幅提升管理效益及水平。

  在新媒体时代，诸多挑战仍困扰着高校教学管理的创新实践，如管理者的能力、制度实行的阻力、高校传统的管理思想等，它们都在一定程度上制约了高校的发展。高校管理者首先需要看清现状，明确新时代的要求，从管理理念和方法、管理内容以及先进的科学管理方式等层面入手，不断对管理体制和制度创新进行大胆改革和探索，寻找更加符合高校特点的创新模式，以便提高高校的管理效率。

参考文献

[1] 王楠.高校"一站式"学生社区教育管理模式的构建路径探析[J].现代职业教育，2023（29）：89–92.

[2] 杨世君.新时代高校学生干部教育培养路径探析[J].湖北开放职业学院学报，2023，36（18）：48–50.

[3] 董伟.大数据时代高校"学生教育管理"优化路径[J].湖北开放职业学院学报，2023，36（18）：148–149，153.

[4] 王春黎."互联网+"时代高校教育管理模式的变革与创新[J].齐齐哈尔大学学报（哲学社会科学版），2023（9）：156–159.

[5] 陈燕.学生教育管理与高校思想政治教育融合路径探究[J].公关世界，2023（17）：126–128.

[6] 王睿晗."互联网+"背景下高校教育管理模式的变革与创新[J].石材，2023（10）：133–135.

[7] 程春.新时代高校教育管理数字化建设研究[J].食品研究与开发，2023，44（18）：239–240.

[8] 徐莉.新时代背景下应用型高校的劳动教育管理路径研究[J].现代畜牧科技，2023（9）：162–164.

[9] 袁雅迪.新时期高校学生教育管理工作改革创新路径[J].创新创业理论研究与实践，2023，6（17）：134–136.

[10] 彭锦华.高校管理服务育人视阈下开展劳动教育探究[J].大学，2023（25）：67–70.

[11] 张亚红.高校教学管理信息化建设推动教育信息化发展的研究[J].现代职业教育，2023（24）：61–64.

[12] 周翔.新时代高校思想政治教育管理体系构建的理论与实践[J].食品研究与开发，2023，44（16）：239–240.

[13] 吴明发.面向大数据的高校档案信息化建设研究[J].信息系统工程，2023（8）：108–111.

[14] 王云红，朱雪林，王欣."三全育人"视域下高校网络思想政治教育微探——以

北京邮电大学为例[J].北京邮电大学学报（社会科学版），2023，25（4）：24–32，54.

[15] 苏明.高校教育管理与生态文明教育的协同效应[J].环境工程，2023，41（8）：347.

[16] 黄静雅.高校学生素质教育在管理中的应用[J].科技风，2023（22）：25–27.

[17] 贾心宇."互联网+"背景下高校教育管理模式的变革与创新[J].湖北开放职业学院学报，2023，36（14）：35–37.

[18] 曾国阳.高校教育管理信息化现状与优化策略分析[J].办公室业务，2023（14）：93–95.

[19] 魏建琳.教育数字化视野下高校图书馆数字化发展思考[J].西安文理学院学报（社会科学版），2023，26（3）：75–78.

[20] 王莹.智慧教育背景下高校教师信息化教学能力阶段性发展策略[J].长春师范大学学报，2023，42（7）：169–171.

[21] 郭靖花.高校网络学习空间建设中存在的问题及策略研究[J].陇东学院学报，2023，34（4）：99–103.

[22] 胡静雪.生态学理念下高校教育管理模式的创新探索[J].环境工程，2023，41（7）：361–362.

[23] 赵欣欣，庞军."互联网+"环境下高校教育管理模式创新路径研究[J].黑龙江教师发展学院学报，2023，42（7）：12–15.

[24] 严蕾，姚方戈.高校教育信息化安全防控体系分析与构建[J].网络安全技术与应用，2023（7）：86–87.

[25] 胡贞华，吴安艳.高校信息化治理体系建设的对策研究[J].网络安全技术与应用，2023（7）：87–89.

[26] 尹海丹.教育信息化视域下高校教师TPACK能力评价体系研究[J].现代商贸工业，2023，44（15）：91–93.

[27] 杨曦，朱江，王勇，等.高校学生党员教育管理服务与思想政治教育协同育人机制研究[J].吉林医药学院学报，2023，44（4）：319–320.

[28] 刁溯.教育心理学背景下高校教育管理体制的改进及创新对策[J].佳木斯职业学院学报，2023，39（7）：136–138.

[29] 胡雪凤.高校基层管理队伍信息化领导模式构建研究[J].中国多媒体与网络教学学报（上旬刊），2023（7）：89–92.

[30] 赵晓靖，杨倩，陈秀梅.基于SWOT分析法探析新媒体视域下高校学生党员教育管理新路径[J].中国军转民，2023（12）：62–63.

[31] 周岳."三全育人"视角下高校学生党员教育管理长效机制的探究[J].就业

与保障，2023（6）：163–165.

[32] 贾笑颖. 环境心理学对高校教育管理的启示[J]. 环境工程，2023，41（6）：308.

[33] 李栋才. 面向立德树人根本任务搭建高校综合教育管理体系研究[J]. 菏泽学院学报，2023，45（3）：51–55.

[34] 马瀪，许敏，朱鑫月. 信息管理系统在高校教育管理中的应用分析[J]. 教育教学论坛，2023（24）：119–123.

[35] 朱玉，陈姣，汤燕. "七个有力"视域下高校学生党员"党建＋"教育管理模式探究[J]. 科学咨询（科技·管理），2023（6）：17–20.

[36] 周慢杰，王娟娟. 中华优秀传统文化在高校教育管理中的应用[J]. 大学，2023（16）：65–68.

[37] 赵国旭，刘洪涛，张恒通. 依法治校视野下的大学生教育管理研究[J]. 产业与科技论坛，2023，22（11）：285–286.

[38] 俞曒，梅雪. 高校辅导员在教育教学中的作用及实践策略研究[J]. 湖北开放职业学院学报，2023，36（10）：47–49.

[39] 陈庆渊，张雄. 基于创新教育理念的高校教育管理价值意蕴和实践路径[J]. 科教导刊，2023（15）：1–3.

[40] 延鸿潇. 基于当代教育理念的高校学生教育管理路径研究[J]. 秦智，2023（5）：119–122.

[41] 季桉宁，胡范坤. 大数据技术在高校教育信息化管理中的运用探讨[J]. 吉林广播电视大学学报，2023（3）：75–77.

[42] 任俊圣，陈玉婷. 高校继续教育课程思政建设的特色发展[J]. 继续教育研究，2023（6）：8–13.

[43] 李凡. 新时代下高校教育管理"三全育人"体制机制改革[J]. 教育教学论坛，2023（18）：41–44.

[44] 水君飞. "互联网＋"背景下高校教育管理模式的变革与创新[J]. 中国多媒体与网络教学学报（上旬刊），2023（5）：100–103.

[45] 欧晓钟. 信息化背景下高校教育规模化与个性化研究[J]. 淮南职业技术学院学报，2023，23（2）：109–111.

[46] 岳文忠，张淑英，王佳. 人工智能背景下高校教育管理变革发展研究[J]. 吉林农业科技学院学报，2023，32（2）：60–63.

[47] 王晓妮，杜育红. 大数据时代面向智慧教育的高校信息化支撑环境构建研究[J]. 电脑知识与技术，2023，19（11）：43–46.

[48] 张天天. 基于新媒体技术下提升高校教育管理有效性分析[J]. 长春工程学院

学报.（社会科学版），2023，24（1）：40–43.

[49] 冀里栋. 人文关怀视角下高校学生管理工作路径的研究[J]. 江西电力职业技术学院学报，2023，36（3）：91–93.

[50] 刘秀峰，杜茜茜. 中国式教育现代化的演进逻辑与路向前瞻[J]. 教育发展研究，2023，43（6）：10–17.

[51] 刘伊. 教育信息化下应用型高校教师教学能力提升策略研究[J]. 河南教育（高等教育），2023（3）：74–75.

[52] 李俊，张良军，鞠艳梅. 浅析高等教育信息化对教学管理改革的推动作用[J]. 高教论坛，2023（3）：88–90，105.

[53] 陈亮. 融合大数据的高校成人教育管理策略探索[J]. 数据，2023（3）：109–110.

[54] 曾平江. 数字技术赋能高等教育管理质量提升：价值功能和实践进路[J]. 吉林广播电视大学学报，2023（2）：94–96.

[55] 王雨秋. 人工智能视域下高校教育数字化管理路径研究[J]. 华东科技，2023（3）：86–89.

[56] 叶丹. 高等教育教学模式中"以人为本"理念的融入[J]. 大学，2023（7）：85–88.

[57] 徐思宇. 基于信息化背景下高校教学管理中的资源共享研究[J]. 湖北开放职业学院学报，2023，36（4）：193–195.

[58] 王钰金. 教育信息化背景下高校混合式教学模式探索[J]. 科教导刊，2023（5）：50–52.

[59] 张登倩. 云大数据背景下高校教育教学管理信息化策略探究[J]. 教育教学论坛，2023（6）：50–53.

[60] 龚静娴，黄有福. 教育信息化2.0背景下的高校智慧校园建设探讨[J]. 电脑知识与技术，2022，18（33）：128–130，147.